한식 조리기능사 실기시험문제

이가희 · 김창희 공저

도서출판 **책과 상상**
www.SangSangbooks.co.kr

밥은 봄처럼 따뜻하게
국은 여름처럼 뜨겁게
장은 가을처럼 서늘하게
술은 겨울처럼 차(갑)게

요리는 무엇보다 그 나라의 문화에 대한 이해입니다.

이 책은 한식조리기능사 자격증을 취득하고자 하는 분들을 위해 한국산업인력공단이 주관 및 시행하는 한식조리기능사 실기시험 공개문제의 요구사항과 채점기준을 철저하게 분석하여 다음과 같은 사항에 중점을 두고 집필하였습니다.

1. NCS 기반 국가기술자격 개편으로 변경된 조리기능사 출제기준에 따라 총 33가지의 공개문제를 분석하여 조리과정에 대한 상세한 설명을 수록함으로써 수험생 스스로 실습이 가능하도록 하였습니다.

2. 한국산업인력공단에서 제시하는 지급재료와 요구사항을 충실히 반영하였으며, 공개문제 실습에 앞서 NCS(국가직무능력표준) 과정에서의 주안점을 간략하게 서술함으로써 학습에 도움이 되도록 하였습니다.

3. 끝으로, 한식조리기능사 실기시험의 채점 및 감점과 직결되는 중요한 사항은 각 공개문제의 뒤에 〈팁 & 체크포인트〉로 정리함으로써 수험생의 실수를 최소화하고자 하였습니다.

이 교재를 통해 한식조리기능사 자격검정을 준비하는 모든 수험생들에게 합격의 행운이 함께하기를 기대하며 부족한 부분은 앞으로 수정·보완하여 더욱더 알찬 교재가 되도록 노력하겠습니다.

마지막으로 조리 과정과 완성 작품의 사진 촬영을 맡아주신 이준상 실장님, 조리진행의 모든 과정에서 도움을 주신 부산의 아동요리 전문가 박경란 선생님, 출판을 허락하여 주신 ㈜도서출판 책과상상과 편집부 여러분께 감사의 마음을 전합니다.

저자 드림

NCS(국가직무능력표준) 안내

NCS와 NCS 학습모듈

- 국가직무능력표준(NCS, National Competency Standards)이란 산업현장에서 직무를 수행하기 위해 요구되는 지식·기술·소양 등의 내용을 국가가 산업부문별·수준별로 체계화한 것으로 국가적 차원에서 표준화한 것을 의미합니다.
- NCS 학습모듈은 NCS 능력단위를 교육 및 직업훈련 시 활용할 수 있도록 구성한 교수·학습자료입니다. 즉, NCS 학습모듈은 학습자의 직무능력 제고를 위해 요구되는 학습 요소(학습 내용)를 NCS에서 규정한 업무 프로세스나 세부 지식, 기술을 토대로 재구성한 것입니다.

NCS 개념도

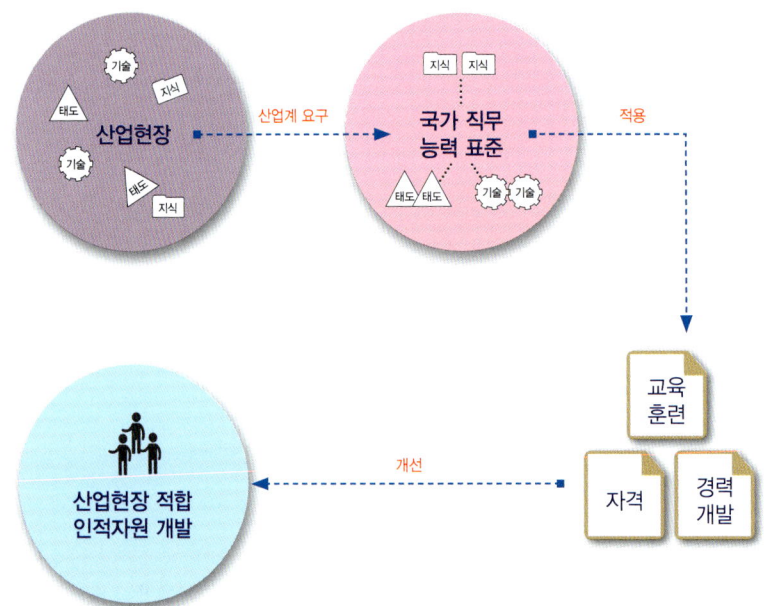

NCS의 활용영역

구분		활용 콘텐츠
산업현장	근로자	평생경력개발경로, 자가진단도구
	기업	현장수요 기반의 인력채용 및 인사관리기준, 직무기술서
교육훈련기관		직업교육 훈련과정 개발, 교수계획 및 매체·교재개발, 훈련기준 개발
자격시험기관		자격종목설계, 출제기준, 시험문항, 시험방법

NCS 학습모듈의 특징

- NCS 학습모듈은 산업계에서 요구하는 직무능력을 교육훈련 현장에 활용할 수 있도록 성취목표와 학습의 방향을 명확히 제시하는 가이드라인의 역할을 합니다.
- NCS 학습모듈은 특성화고, 마이스터고, 전문대학, 4년제 대학교의 교육기관 및 훈련기관, 직장교육기관 등에서 표준교재로 활용할 수 있으며 교육과정 개편 시에도 유용하게 참고할 수 있습니다.

NCS와 NCS 학습모듈의 연결 체제

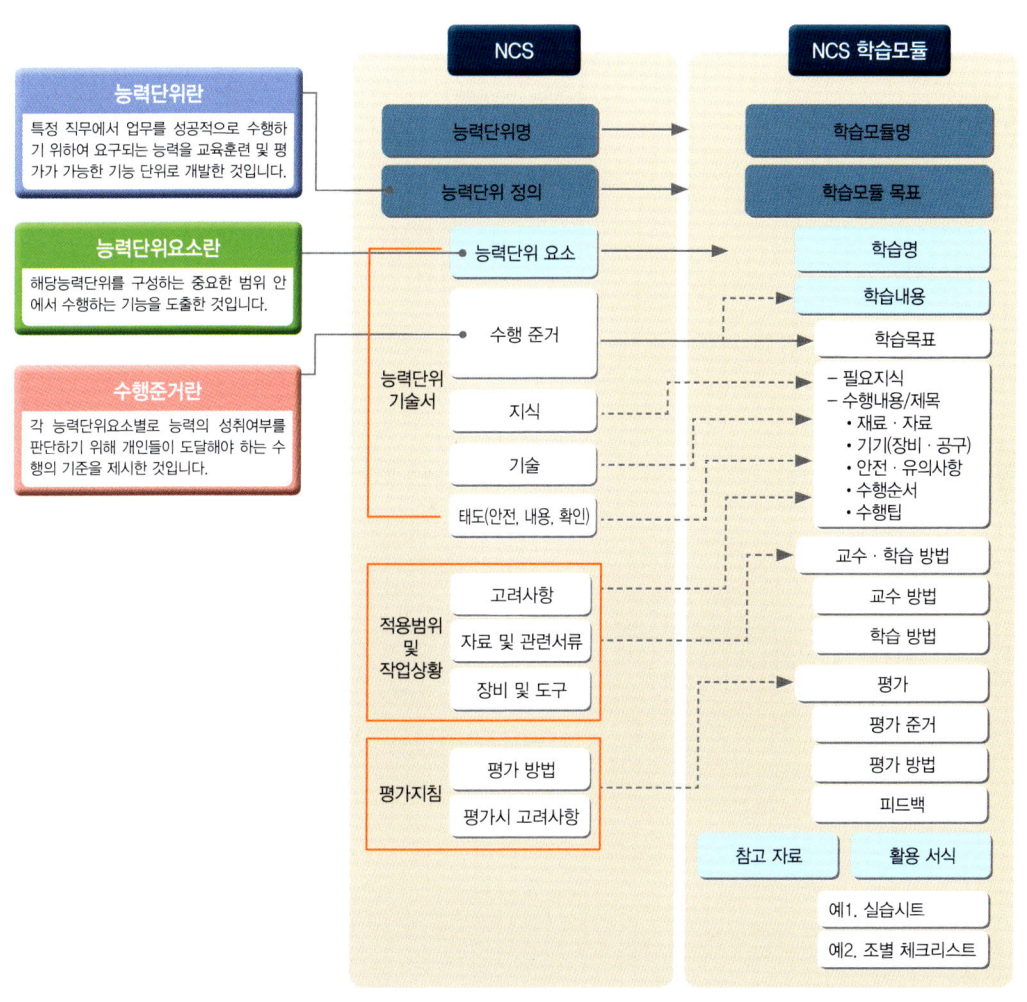

과정평가형 자격취득 안내

과정평가형 자격

과정평가형 자격은 국가기술자격법에 근거하여 국가직무능력표준(NCS)에 따라 설계된 교육·훈련과정을 체계적으로 이수한 교육·훈련생에게 내·외부 평가를 통해 국가기술자격증을 부여하는 새로운 개념의 국가기술자격 취득 제도로서 2015년부터 시행되고 있다.

과정평가형 자격 운영 절차

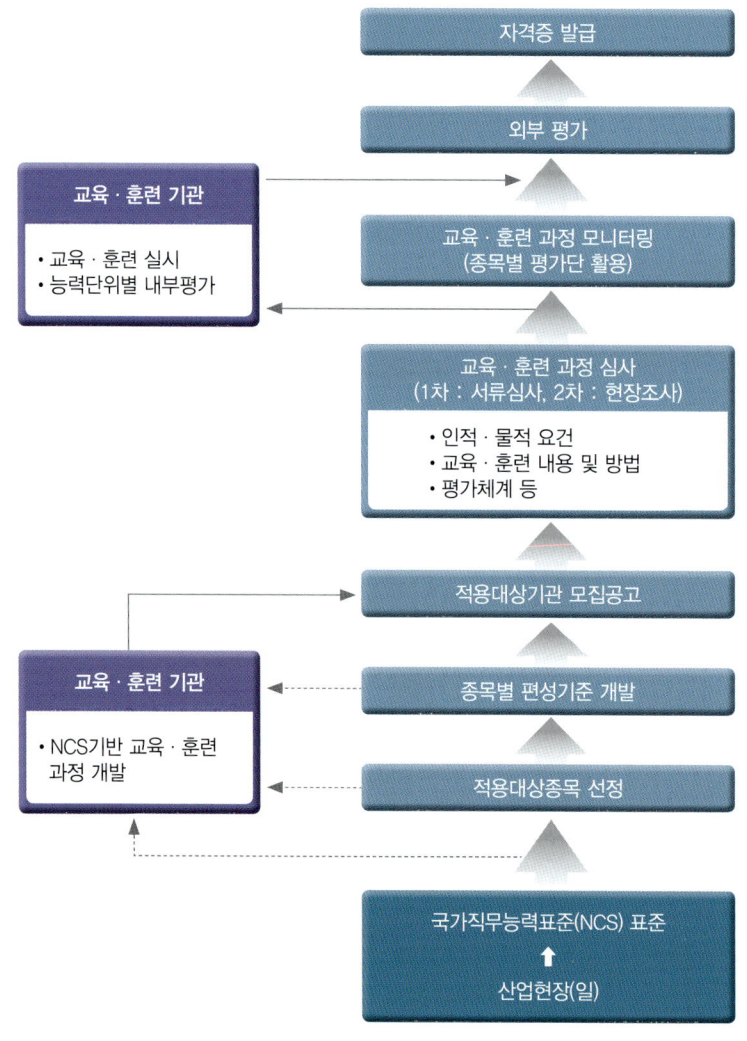

시행 대상

국가기술자격법의 과정평가형 자격 신청자격에 충족한 기관 중 공모를 통하여 지정된 교육·훈련기관의 단위과정별 교육·훈련을 이수하고 내부평가에 합격한 자

교육·훈련생 평가

① 내부평가(지정 교육·훈련기관)
　㉮ 평가대상 : 능력단위별 교육·훈련과정의 75% 이상 출석한 교육·훈련생
　㉯ 평가방법
　　㉠ 지정받은 교육·훈련과정의 능력단위별로 평가
　　㉡ 능력단위별 내부평가 계획에 따라 자체 시설·장비를 활용하여 실시
　㉰ 평가시기
　　㉠ 해당 능력단위에 대한 교육·훈련이 종료된 시점에서 실시하고 공정성과 투명성이 확보되어야 함
　　㉡ 내부평가 결과 평가점수가 일정수준(40%) 미만인 경우에는 교육·훈련기관 자체적으로 재교육 후 능력단위별 1회에 한해 재평가 실시
② 외부평가(한국산업인력공단)
　㉮ 평가대상 : 단위과정별 모든 능력단위의 내부평가 합격자
　㉯ 평가방법 : 1차·2차 시험으로 구분 실시
　　㉠ 1차 시험 : 지필평가(주관식 및 객관식 시험)
　　㉡ 2차 시험 : 실무평가(작업형 및 면접 등)

합격자 결정 및 자격증 교부

① 합격자 결정 기준
　내부평가 및 외부평가 결과를 각각 100점을 만점으로 하여 평균 80점 이상 득점한 자
② 자격증 교부
　기업 등 산업현장에서 필요로 하는 능력보유 여부를 판단할 수 있도록 교육·훈련 기관명·기간·시간 및 NCS 능력단위 등을 기재하여 발급

※ NCS 및 과정평가형 자격에 대한 내용은 NCS국가직무능력표준 홈페이지(www.ncs.go.kr)에서 보다 자세하게 살펴볼 수 있습니다.

한식조리기능사 차례

- NCS(국가직무능력표준) 안내 / 6
- 한식조리기능사 자격증 취득 과정 / 14
- 효과적인 조리작업 순서 / 18
- 한국음식의 특징 / 20
- 한국음식의 종류 / 21
- 한국음식의 양념 / 30
- 한국음식의 상차림과 예절 / 34
- 한국음식의 조리법 / 37

1 조리 기초

재료 썰기 / 46

2 한식 밥조리

콩나물밥 / 50

비빔밥 / 54

3 죽조리

장국죽 / 58

4 국·탕조리

완자탕 / 62

5 찌개조리

두부젓국찌개 / 66

생선찌개 / 70

6 전 · 적조리

생선전 / 74

육원전 / 78

표고전 / 82

섭산적 / 86

화양적 / 90

지짐누름적 / 94

풋고추전 / 98

7 생채 · 회조리

무생채 / 102

도라지생채 / 106

더덕생채 / 110

겨자채 / 114

육회 / 118

미나리강회 / 122

8 조림 · 초조리

두부조림 / 126

홍합초 / 130

9 구이조리

너비아니구이 / 134

제육구이 / 138

북어구이 / 142

더덕구이 / 146

생선양념구이 / 150

10 숙채조리

잡채 / 154

탕평채 / 158

칠절판 / 162

11 볶음조리

오징어볶음 / 166

12 김치조리

배추김치 / 170

오이소박이 / 174

Korean Cook Craftsman
Required Subject

Recipe

∶
∶

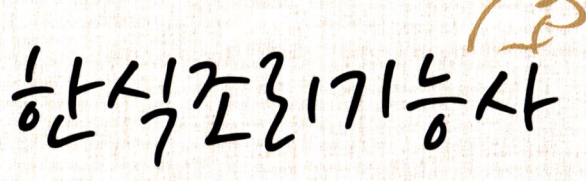
한식쪼리기능사

자격증 취득 과정과
한국음식에 대한 이해

한식조리기능사 자격증 취득 과정

1. 응시자격

성별, 연령, 학력 등 응시자격에 제한이 없다. 조리에 대한 중급 정도의 숙련기능을 가지고 작업관리 및 이에 관련되는 업무를 수행할 수 있는 능력의 유무를 파악한다.

2. 필기시험

1) 필기시험은 객관식(4지 택일형)으로, 총 60분 동안 치러지는데 100점 만점에 60점 이상되어야 합격이 된다. 실기시험 역시 100점 만점에 60점 이상이 합격선이다.
   ① 정시 : 2012년부터 정시검정은 폐지되고 필기, 실기시험 모두 상시검정으로만 시행된다.
   ② 상시 : 연간 상시검정 일정에 따라 치러지며, CBT 시험 종료 후 곧바로 합격 여부를 확인할 수 있다.
      (※ 인터넷 접수 : http://q-net.or.kr)
2) 1차 필기시험 합격자는 차후 2년까지 필기 면제자로 실기시험을 볼 수 있다.

3. 실기시험

1) 시험 전날
   ① 시험 전날은 준비물을 준비했는지 빠짐없이 체크한다.
   ② 각 응시회차별 수험자 지참준비물은 Q-Net 홈페이지(http://www.q-net.or.kr/)에서 확인할 수 있다.

2) 시험 당일

① 일찍 일어나서 준비물들을 다시 한 번 확인하고 복장은 단정한 차림으로 준비하고 신발은 안전화를 신어야 위생 점수에서 감점 당하지 않는다.
② 진행위원이 호명하면 수험표와 신분증을 보이고 수검번호를 부여받아 부착한다.
③ 먼저 감독관의 말을 잘 듣고 앞에 놓여진 재료와 시험지에 나와 있는 재료들과 비교하여 양이 부족하거나 형태가 잘못된 것은 손을 들고 교환을 요청한다. 남는 시간은 수검자 요구사항을 충분히 숙지하여 정해진 시간 내에 지정된 조리작품을 만들어 내도록 한다.
④ 시험장에 입장하면 준비한 준비물들을 조리대 위치에 사용하기 쉬운 위치에 진열한다.
  ▶ 예 도마 왼쪽에 행주를 접어서 놓고, 도마 오른쪽에는 행주 한 장을 깔고 계량컵, 조리용 칼, 계량스푼, 젓가락 등을 진열해 놓는다.
⑤ 시험 시작 신호와 함께 시험이 시작되면 가스렌지가 하나이므로 불사용 계획을 세워서 작업을 시작한다.
⑥ 작업 도중 너무 떨면 작품을 망칠 염려가 있으며, 손을 다칠 염려가 있으므로 안정을 유지하면서 작업을 진행한다.
  ▶ 손을 다치더라도 소지한 일회용 밴드로 지혈을 하고 시험에 응시한다. 손을 베었다고 탈락되는 것은 아니니 끝까지 작업을 수행한다.
⑦ 작업 도중 발생되는 쓰레기는 지저분하게 개수대에 버리지 말고 준비해 온 비닐봉지에 버린다.
⑧ 따뜻한 음식은 미리 만들어 놓지 말고 제출할 때에 맞추어 따뜻하게 만들어 제출한다. 제출할 때는 바닥이 미끄러우니 조심해야 하며 다른 사람과의 충돌에도 조심해야 한다.
  ▶ 소금에 절였던 음식이나 육회는 오래 두면 물이 나와 지저분해지므로 양념을 제출하기 직전에 맞추어 만들어 제출한다.
⑨ 작품을 제출한 후에는 본인이 사용한 조리대, 렌지, 양념통을 깨끗이 청소한다.
⑩ 시험 시간이 종료되면 검수대의 문이 닫히므로 작품을 제출할 수 없다. 따라서 시간 안배를 적절하게 해야 하며 시간 안에 작품이 완성되지 않아도 제출해야만 채점을 받을 수 있다.

4. 합격자 발표

1) **발표 (인터넷)** : 큐넷 사이트(http://q-net.or.kr) → 합격자 발표 게시판 참조
2) **고객센터** : 1644-8000

5. 자격증 교부

1) **상장형 자격증** : 티큐넷 사이트에서 본인 확인 후 자가 프린터를 통해 즉시 발급(출력) 가능
2) **수첩형 자격증** : 인터넷 신청 이후 우편 배송 또는 공단 소속기관 방문으로 발급 받으실 수 있으며, 인터넷 신청이 불가한 경우 공단 소속기관을 방문하여 발급
  ▶ 준비사항 : 증명사진 1매, 수수료, 신분증

6. 실기시험 채점 기준표

1) 공통채점

과목	세부항목	항목별 채점방법	배점
위생상태	위생복 착용 및 개인위생상태	위생복을 착용하고 개인위생상태가 좋으면 3점, 불량하면 0점	3
조리과정	조리순서 및 재료, 기구 등 취급상태	일반적인 전체 조리순서가 맞고 재료 및 기구 취급상태가 숙련되어 있으면 4점 조리순서는 맞으나 재료 및 기구 취급상태의 숙련이 약간 미숙하면 2점 조리과정이 전반적으로 미숙하면 0점	4
정리정돈상태	정리정돈 및 청소	지급된 기구류 등과 주위 청소 상태가 양호하면 3점 불량하면 0점	3

2) 조리 기술 및 작품 평가

과목	세부항목	채점방법	배점
조리기술	조리방법	조리기술의 숙련도에 따라	30점
작품평가	작품의 맛, 색, 그릇에 담기	작품의 맛과 빛깔, 모양에 따라	15점

3) 계산 방법

(실기시험 2가지×45점) + 10점 = 100점 만점 중 60점 이상 합격

【위생상태 및 안전관리 세부기준 안내】

번호	구분	세부기준
1	위생복 상의	• 전체 흰색, 손목까지 오는 긴소매 　- 조리과정에서 발생 가능한 안전사고(화상 등) 예방 및 식품위생(체모 유입방지, 오염도 확인 등) 관리를 위한 기준 적용 　- 조리과정에서 편의를 위해 소매를 접어 작업하는 것은 허용 　- 부직포, 비닐 등 화재에 취약한 재질이 아닐 것, 팔토시는 긴팔로 불인정 • 상의 여밈은 위생복에 부착된 것이어야 하며 벨크로(일명 찍찍이), 단추 등 크기, 색상, 모양, 재질은 제한하지 않음 (단, 금속성은 제외)
2	위생복 하의	• 색상·재질 무관, 안전과 작업에 방해가 되지 않는 발목까지 오는 긴바지 　- 조리기구 낙하, 화상 등 안전사고 예방을 위한 기준 적용
3	위생모	• 전체 흰색, 빈틈이 없고 바느질 마감처리가 되어 있는 일반 조리장에서 통용되는 위생모 　- 모자의 크기, 길이, 모양, 재질(면·부직포 등)은 무관
4	앞치마	• 전체 흰색, 무릎아래까지 덮이는 길이 　- 상하일체형(목끈형) 가능, 부직포·비닐 등 화재에 취약한 재질이 아닐 것
5	마스크 (입가리개)	• 침액을 통한 위생상의 위해 방지용으로 종류는 제한하지 않음 (단, 감염병 예방법에 따라 마스크 착용 의무화 기간에는 '투명 위생 플라스틱 입가리개'는 마스크 착용으로 인정하지 않음)
6	위생화 (작업화)	• 색상 무관, 굽이 높지 않고 발가락·발등·발뒤꿈치가 덮여 안전사고를 예방할 수 있는 깨끗한 운동화 형태
7	장신구	• 일체의 개인용 장신구 착용 금지 (단, 위생모 고정을 위한 머리핀 허용)

번호	구분	세부기준
8	두발	• 단정하고 청결할 것. 머리카락이 길 경우 흘러내리지 않도록 머리망을 착용하거나 묶을 것
9	손/손톱	• 손에 상처가 없어야 하나, 상처가 있을 경우 보이지 않도록 할 것 (시험위원 확인 하에 추가 조치) • 손톱은 길지 않고 청결하며 매니큐어, 인조손톱 등을 부착하지 않을 것
10	폐식용유 처리	• 사용한 폐식용유는 시험위원이 지시하는 적재장소에 처리할 것
11	교차오염	• 교차오염 방지를 위한 칼, 도마 등 조리기구 구분 사용은 세척으로 대신하여 예방할 것 • 조리기구에 이물질(예, 청테이프)을 부착하지 않을 것
12	위생관리	• 재료, 조리기구 등 조리에 사용되는 모든 것은 위생적으로 처리하여야 하며, 조리용으로 적합한 것일 것
13	안전사고 발생 처리	• 칼 사용(손 빔) 등으로 안전사고 발생 시 응급조치를 하여야 하며, 응급조치에도 지혈이 되지 않을 경우 시험진행 불가
14	눈금표시 조리도구	• 눈금표시된 조리기구 사용 허용(단, 눈금표시에 재어가며 재료를 써는 조리작업은 조리기술 및 숙련도 평가에 반영)
15	부정 방지	• 위생복, 조리기구 등 시험장내 모든 개인물품에는 수험자의 소속 및 성명 등의 표식이 없을 것 – 위생복의 개인 표식 제거는 테이프로 부착 가능
16	테이프사용	• 위생복 상의, 앞치마, 위생모의 소속 및 성명을 가리는 용도로만 허용

【위생상태 및 안전관리에 대한 채점기준 안내】

위생 및 안전상태	채점기준
1. 위생복(상/하의), 위생모, 앞치마, 마스크 중 한 가지라도 미착용한 경우 2. 평상복(흰티셔츠, 와이셔츠), 흰털모자, 비니, 야구모자 등 기준을 벗어난 위생복장을 착용한 경우	실격 (채점대상 제외)

3. 위생복(상/하의), 위생모, 앞치마, 마스크를 착용하였더라도
  • 무늬가 있거나 유색의 위생복 상의·위생모·앞치마를 착용한 경우
  • 흰색의 위생복 상의·앞치마를 착용하였더라도 화재에 취약한 재질(부직포, 비닐 등)일 경우
  • 팔꿈치가 덮이지 않는 짧은 팔의 위생복을 착용한 경우
  • 위생복 하의의 색상, 재질은 무관하나 짧은 바지, 통이 넓은 힙합 스타일 바지, 타이즈, 치마 등 안전과 작업에 방해가 되는 복장을 착용한 경우
  • 위생모가 뚫려있어 머리카락이 보이거나, 수건 등으로 감싸 바느질 마감처리가 되어있지 않고 풀어지기 쉬워 일반 조리장용으로 부적합한 경우
4. 수험자의 소속이나 성명이 있는 위생복 또는 조리기구를 사용(착용)한 경우
5. 이물질(예, 테이프) 부착 등 식품위생에 위배되는 조리기구를 사용한 경우
  ※ 위생복 테이프 부착은 식품위생 위배 조리기구에 해당하지 않음
	'위생상태 및 안전관리' 점수 전체 0점

6. 위생복(상/하의), 위생모, 앞치마, 마스크를 착용하였더라도
  • 위생복 상의가 팔꿈치를 덮기는 하나, 손목까지 오는 긴소매가 아닌 위생복(팔토시 착용은 긴소매로 불인정), 실험복 형태의 긴가운, 핀 등 금속을 별도 부착한 위생복을 착용하여 세부기준을 준수하지 않았을 경우
  • 테두리선, 칼라, 위생모 짧은 창 등 일부 유색의 위생복 상의·위생모·앞치마를 착용한 경우(테이프 부착 불인정)
  • 위생복 하의가 발목까지 오지 않는 8부바지
  • 위생복(상/하의), 위생모, 앞치마, 마스크에 수험자의 소속 및 성명을 테이프 등으로 가리지 않았을 경우
7. 위생화(작업화), 장신구, 두발, 손/손톱, 폐식용유 처리, 안전사고 발생 처리 등 '위생상태 및 안전관리 세부기준'을 준수하지 않았을 경우
8. '위생상태 및 안전관리 세부기준' 이외에 위생과 안전을 저해하는 기타사항이 있을 경우
	'위생상태 및 안전관리' 점수 일부 감점

※ 위 기준에 표시되어 있지 않으나 일반적인 개인위생, 식품위생, 주방위생, 안전관리를 준수하지 않았을 경우 감점처리 될 수 있다.
※ 수도자의 경우 제복 + 위생복 상의/하의, 위생모, 앞치마, 마스크 착용 허용

시험장에서의 효과적인 조리작업 순서

- 실기시험 과제는 2가지 메뉴를 합쳐 70분을 넘지 않으며, 50분 이하로 구성되지 않는다. 예를 들어 비빔밥(50분)이 과제로 제시될 경우 다른 메뉴로는 15분 분량의 과제(도라지 생채, 무생채)로 구성된다.
- 과제 중 하나가 주식인 경우 나머지 과제는 부식으로 제시된다. 예를 들어 콩나물밥과 장국죽은 모두 주식이므로 함께 구성되지 않는다.

01 시험조리대
요구사항 및 지급재료 목록을 확인합니다.

02 재료 손질 및 물을 이용하는 조리과정
- 재료를 씻은 후 야채는 손질해 둡니다.
- 밥짓기, 육수내기 – 데치기, 삶기 순서로 조리합니다.

밥짓기 데치기
육수 만들기 삶기

03 손질한 재료 절이는 과정
(소금, 고춧가루, 간장)

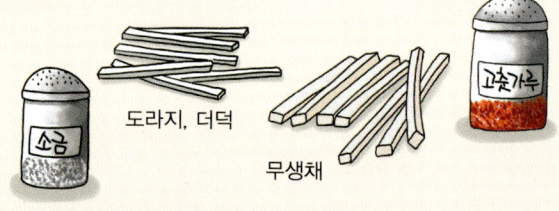

도라지, 더덕 무생채

- 밑간 : 소금, 참기름
- 양념 : 소금, 고춧가루, 간장

요리순서에 맞게 진행하면 당황하지 않고 시간을 효율적으로 사용할 수 있답니다!

04 기름을 이용해 굽는 과정
(지지기, 굽기, 볶기)

- 재료의 깨끗한 순서대로 팬을 사용합니다.
- 황·백지단-도라지·오이-당근-표고버섯-쇠고기-다시마 튀기기-약고추장 볶기

05 국물의 따뜻함 확인

탕류 및 찌개류의 국물이 식었으면 따뜻하게 데워 완성그릇에 담습니다.

06 고명·양념장 확인
- 고명의 크기와 모양을 요구사항을 맞춥니다.
- 곁들이는 양념장이 있는 과제는 양념장을 만들어 함께 준비합니다.

실고추 / 고추장 / 겨자 / 잣가루 / 황지단·백지단 / 양념장

07 완성품 제출하기

과제 2 / 과제 1

사용한 도마에 올려 제출합니다.
※ 이 때 완성작이 흐트러지지 않도록 주의합니다.

한국음식의 특징

우리나라 식생활 문화의 기본은 자연환경이 기본요인으로 그 영향을 받아 만들어졌다. 기후적으로는 사계절이 뚜렷하고 지리적으로는 삼면이 바다로 둘러싸여 있기 때문에 농산물, 수산물, 축산물 등의 재료가 풍부하고 다양하다.

우리의 식생활은 주식인 밥과 여러 가지의 반찬을 부식으로 하는 반상 상차림으로 구성되어 있는 일상적인 식사의 형태이다. 준비된 음식을 한상에 모두 차려 놓고 먹으며 주식에 따라 반찬을 구성하여 균형 잡힌 한 끼 식사가 된다.

곡류를 중심으로 구성된 주식은 밥, 죽, 국수, 만두, 떡국, 수제비류 등 350가지 이상이며, 사계절에 맞게 알맞은 조리법으로 다르게 조리한다. 부식은 우리나라 음식의 반 이상을 차지하며 육류, 어류, 채소류, 해조류 등을 재료로 하여 국, 찌개, 찜, 전골, 구이, 전, 조림, 볶음, 편육, 나물, 생채, 젓갈, 포, 장아찌, 김치 등의 조리법이 1500가지 이상이 있다.

이처럼, 우리나라는 주·부식의 뚜렷한 구분과 함께 다양한 조리법이 발달되어 있으며, 풍부한 식재료가 있다.

한국음식의 종류

1. 주식류

1) 밥

우리나라 음식의 가장 대표적인 것이며 우리 식사의 주식으로, 조리하는 방법에 따라 밥을 구분할 수 있다.

① 흰밥 : 쌀 만으로만 짓는 밥
② 제밥 : 찹쌀로만 짓는 밥
③ 잡곡밥 : 조, 보리, 기장, 율무, 수수, 콩, 팥, 녹두, 밤 등을 섞어 짓는 밥
④ 비빔밥 : 고기 · 나물 따위를 섞고 갖은 양념과 고명을 넣어서 비벼 먹는 밥
⑤ 별미밥 : 해산물, 채소류, 버섯, 육류 등과 약초, 한약재료 등을 넣어 짓는 밥

2) 죽

곡류를 주재료로 하여 쌀을 불려 통으로 사용하거나 으깨어 물을 6~7배 가량 넣고, 오래 끓여 만든 반 유동식의 일종이다.

① 흰죽
  • 옹근죽 : 쌀을 통째로 해서 만든 죽
  • 원미죽 : 쌀을 굵게 갈아서 쑤는 죽
  • 무리죽 : 물에 불린 쌀을 매에 갈아 만든 죽
② 두태죽 : 콩팥을 넣어 만든 죽
③ 장국죽 : 쌀을 불려 부서뜨린 후 간장으로 색을 낸 죽
④ 어패죽 : 어패류를 넣어 만든 죽

3) 미음, 응이, 암죽, 즙

① 미음 : 쌀 분량의 10~15배의 물을 사용하여 죽보다 묽게 만들어 체에 내린 것
② 응이 : 미음보다는 묽으며 녹두, 갈근, 연근 등의 녹말을 넣어 끓여 만든 것
③ 암죽 : 곡식이나 밤의 가루로 묽게 쑨 죽. 어린아이에게 젖 대신으로 먹이는 것
④ 즙(허약한 사람의 보양식)
  • 양즙 : 소의 양을 잘게 썰어 짓이겨 중탕(重湯)으로 끓이거나 볶아서 짜낸 물
  • 육즙 : 쇠고기를 다져 삶아 짠 국물

4) 국수, 만두, 떡국

잔치 때나 명절 때 무병장수를 바라는 뜻을 담아 조리하는 손님접대용 교자상으로 밥을 대신하여 차려먹는 음식이며, 미리 장국을 마련하는데 장국의 재료로는 쇠고기, 닭고기 등과 멸치장국이 많이 쓰인다.

① 국수 : 밀가루, 메밀가루, 감자가루를 면으로 만든 음식
  • 콩국수 : 차가운 콩국에 국수를 말아 먹는 음식이다.
  • 냉면 : 주로 메밀로 만든 국수에 차게 식힌 육수 또는 동치미 국물 등에 말거나, 고추장으로 양념하여 비빈 음식. 물냉면 · 비빔냉면 · 회냉면 등이 있다.
  • 온면 : 더운 장국에 만 국수. 국수장국 같은 것이 있다.
  • 비빔국수 : 국물은 없이 고기나 나물 같은 것을 넣고 양념하여 비빈 국수이다.
  • 제물국수 : 장국물이나 육수에 처음부터 넣어 바로 끓인 국수이다.
② 만두 : 만두국과 떡국은 정초에 설날 상에 내는데 북쪽 지방에서는 만두를 즐기고, 남쪽 지방에서는 떡국을 즐긴다. 만두는 계절에 따라 봄에는 준치만두, 여름에는 편수 · 규아상, 겨울에는 생치만두 · 김치만두 등을 먹는다.
  • 준치만두 : 준치살과 고기를 섞어서 완자를 빚어 넣은 만두이다.
  • 편수 : 얇게 밀어 편 밀가루 반죽에 채소로 만든 소를 넣고 네 귀를 붙여, 끓는 물에 익혀 장국에 넣어 먹는 여름 음식이다.
  • 규아상 : 미만두라고도 한다. 미는 해삼의 옛 우리말로 큼지막하게 빚은 만두 모양이 해삼처럼 주름이 잡혀서 붙은 이름이다.

- 생치만두 : 메밀로 만드는 만두이다.
- 김치만두 : 김치를 잘게 썰어서 육류나 두부와 야채를 넣어 빚은 만두이다.

③ 떡국 : 정초의 절식인 떡국에는 흰떡국, 조랭이떡국, 생떡국 등이 있다.

- 흰떡국 : 멥쌀 가루를 고수레하여 시루에 찐 다음 안반에 놓고 떡메로 쳐서 만든 떡. 지금은 기계로 만든 떡으로 끓인 음식이다.
- 조랭이떡국 : 쌀가루로 손가락 굵기의 흰떡을 만들어 참기름을 바르면서 칼로 썰어 조랭이 떡을 만든 음식으로 주로 섬에서 만들어 먹는다.
- 생떡국 : 쌀가루를 반죽하여 새알만큼씩 만들어, 끓는 장국에 넣어 익힌 음식이다.

2. 부식류

1) 국, 탕

국은 주식인 밥과 함께 내는 국물요리로서 여러 가지 수조육류, 어패류, 채소류 등으로 끓인 국물 요리이다. 국의 종류를 크게 구분하면 맑은장국, 토장국, 곰국, 냉국 등으로 나눌 수 있다. 국은 밥상을 차릴 때 기본적이며 필수 음식이다.

① 맑은장국 : 물이나 양지머리 국물에 건더기를 넣어 맑은 집간장으로 간을 맞추어 끓인 국이다(콩나물국, 미역국, 무국, 완자탕, 북어국).
② 토장국 : 쌀뜨물에 된장으로 간을 맞추고 건더기를 넣어 끓인 국이다(시금치국, 배추 속대국, 아욱국, 냉이국).
③ 곰국 : 쇠고기의 질긴 부위나 뼈, 내장을 푹 고아서 소금으로 간을 맞춘 국이다(장국밥, 설렁탕, 곰탕).
④ 냉국 : 끓여서 식힌 국물에 집간장으로 간을 맞추어 날로 먹을 수 있는 건더기를 넣어 먹는 국이다(미역냉국, 오이냉국).

2) 찌개

국보다 국물을 적게 하여 끓인 국물요리로서 조치라고도 한다. 간을 한 식품에 따라 고추장찌개, 된장찌개, 새우젓찌개 등이 있다. 또 재료에 따라 생선찌개, 두부찌개 등으로 나누어지며 찌개는 밥상차림의 필수 음식이다. 종류에 따라 술안주 요리로도 이용된다. 돌냄비, 뚝배기에 끓인 찌개가 별미이다(두부젓국찌개, 생선찌개, 순두부찌개, 된장찌개, 고추장찌개, 젓국찌개, 새우젓찌개).

3) 전골

계절의 채소, 생굴, 조개류, 쇠고기 등을 색 맞추어 담고 육수에 간을 하면서 끓인 국물요리의 하나이다. 조선시대의 전골냄비는 중앙이 오목하여 육수를 담게 되어 있고 가장자리부분은 편편하여 고기를 얇게 펴 익혀 가면서 먹을 수 있게 되어 있다.

전골은 반상이나 주안상에 곁상으로 따라 나가는 중요한 음식이며 즉석에서 높이가 낮은 냄비에 육류와 야채 등을 썰어 넣고 가열하여 익히는 음식이다. 전골은 주재료에 따라 다양한 요리가 될 수 있다(신선로, 쇠고기전골, 생선전골, 낙지전골, 생굴전골, 두부전골, 각색전골, 곱창전골, 버섯전골).

4) 선

호박, 오이, 가지,두부, 배추, 흰살생선과 같은 식물성 식품에 소고기 등의 부재료를 넣고 찜과 같이 만든 요리이다. 대부분 녹말을 씌워 찐 것으로 식품 본래의 맛을 즐길 수 있다(오이선, 호박선, 가지선, 어선, 두부선).

5) 구이

가장 기본적인 조리법으로 수조육류, 어패류, 가지, 더덕과 같은 채소류에 소금간 또는 양념을 하여 불에 구운 음식이다. 직접 불에 닿게 굽는 직접구이와 간접 구이가 있다(갈비구이, 불고기, 너비아니구이, 제육구이, 북어구이, 생선구이, 더덕구이, 오징어불고기).

6) 조림

조림은 밥상에 오르는 일상의 찬으로 어패류, 육류 등의 재료에 간을 약간 세게하여 재료에 간이 충분히 스며들도록 약한 불에서 오래 익히는 요리이다. 조림은 주로 간장으로 하지만 꽁치, 고등어 같은 붉은살 생선은 비린내를 없애기 위해서 고추장, 생강 등을 넣어 조린다(두부조림, 양송이 장과, 우엉조림, 닭고기 조림, 고등어조림, 꽁치 조림).

7) 찜

반상, 교자상, 주안상 등에 차려지는 요리로서, 주재료에 갖은 양념을 하여 물을 넣고 푹 익혀 재료의 맛이 충분히 우러나고 약간의 국물이 어울리도록 한 요리이다.

주로 동물성 식품을 주재료로 하고 채소, 버섯, 달걀 등을 부재료로 한다. 김을 올려서 찌거나 또는 중탕으로 익히기도 하고, 수증기와 상관없이 그냥 국물이 조금 남을 정도로 삶아 익혀내는 방법도 있다(쇠갈비찜, 사태찜, 전복찜, 북어찜, 대하찜, 알찜, 아구찜, 대구찜, 채소찜).

8) 초(炒)

초는 조림국물에 녹말을 풀어 넣어 국물이 엉기고 윤기나게 조리하는 것을 말한다(전복초, 홍합초, 대구초, 조갯살초, 해삼초 등).

9) 볶음

고기, 채소, 건어, 해조류 등을 손질하여 썰어서 기름에 볶은 요리이다. 고온의 기름에서 볶아야 물기가 없고 짧은 시간에 조리되므로 영양 파괴도 적다. 기름에만 볶은 것, 기름에 볶다가 간장, 설탕, 물엿 등을 넣어 조미하는 것도 있다(오징어볶음, 낙지볶음, 삼색나물볶음, 닭볶음).

10) 전(煎)

고기, 생선, 채소 등을 다지거나 얇게 저며서 소금, 후추로 간을 하고 밀가루 달걀을 입혀서 양면을 기름에 지진 음식이다. 전은 반상, 면상, 교자상, 주안상 등에 모두 적합한 음식이며 초간장을 곁들여 대접한다. 전유어(煎油魚), 저냐라고도 한다(생선전, 육원전, 표고전, 풋고추전, 더덕전, 굴전, 호박전, 파전).

11) 적

적은 여러 가지 재료를 썰어서 갖은 양념을 한 다음 꼬챙이에 꿰어서 지진 음식을 말한다. 그 중 누름적은 채소, 고기 등을 썰어 꼬챙이에 색을 맞추어 꿰고 밀가루, 달걀을 씌워 번철에 전을 부치듯이 지진 음식이며 일명 '누르미'라고도 한다(지짐누름적, 섭산적, 화양적, 파산적, 떡산적, 사슬적).

12) 수육, 편육, 족편, 순대

- 수육 : 고기를 덩어리 째로 익힌 것을 말한다.
- 편육 : 수육을 눌러 굳힌 다음 얇게 저며 썬 것을 말한다. 고기를 담백한 맛으로 먹을 수 있는 찬요리의 하나이다(양지머리편육, 사태편육, 제육편육).
- 족편 : 소의 족, 가죽, 꼬리 등을 푹 고아서 단백질이 녹으면 고명(석이, 계란지단, 실고추)을 넣어 응고시켜 얇게 썰어서 낸다.
- 순대 : 돼지 창자 속에 선지, 삶은 당면, 숙주 등을 섞어 갖은 양념을 한 것을 꽉차게 집어넣고 실로 양끝을 잡아맨 후에 찐 것을 말한다. 고깃국 또는 된장과 고추장을 풀어 끓여 익히기도 한다.

13) 나물, 생채, 쌈

- 나물은 보통 숙채를 이르는 말이다. 채소를 데쳐서 양념해 무친 것 또는 채소를 기름에 볶으면서 양념한 것을 말한다(콩나물 무침, 시금치 나물, 고사리 나물, 호박 나물).
- 생채는 채소를 날것으로 또는 소금에 절여 양념에 무친 것 등이 있으며 고춧가루, 간장, 겨자즙, 초간장, 잣즙 등 여러 가지 양념으로 무친다(무생채, 도라지생채, 오이생채, 더덕생채).
- 쌈은 상추, 미나리, 깻잎, 쑥갓, 배추속대, 생미역, 호박잎 따위로 밥을 반찬과 함께 싸서 먹는 것으로 날로 먹는 것과 데쳐서 먹는 것 등이 있다.

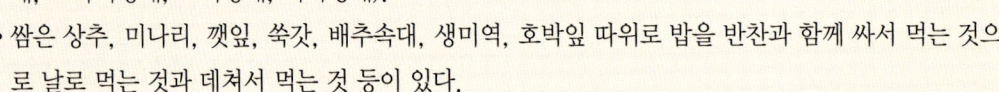

14) 회, 강회, 수란

- 회는 생선이나 조개의 살, 쇠고기의 살, 간 등을 날 것으로 먹게 만든 요리로 대체로 가늘게 썰어 초고추장, 겨자장 또는 소금, 후추에 찍어 먹는다. 생선을 약간 익혀 만든 숙회도 있다.
- 강회는 가는 실파나 연한 미나리에다 달걀지단, 편육, 홍고추, 버섯 등

을 가늘게 썰어 예쁘게 말아 초고추장에 찍어 먹는 음식이다(미나리 강회).
- 수란은 국자에 참기름을 고르게 바른 후 달걀을 깨어 담고, 끓는 물 속에 넣어 중탕을 해서 반숙으로 익힌 달걀요리이다.

15) 마른반찬(포, 튀각, 부각, 자반)

- 포 : 식재료를 얇게 저미거나 다져서 말리는 조리법 또는 통째로 말리는 조리법이다. 편포, 민어포, 대구포는 주재료를 얇게 저며 말리고 약포, 치육포는 주재료를 곱게 다져 편편하게 하여 말린다.
- 튀각 : 다시마, 호두를 말려서 기름에 튀긴 것을 말한다.
- 부각 : 감자, 고추, 깻잎, 김, 가지 등으로 만든 것을 말한다.
- 자반 : 물고기를 소금에 절이거나 나물 또는 해산물을 간장이나 찹쌀 풀을 발라 말려튀겨 짭짤하게 만든 반찬이다(고등어자반, 꽁치자반).

16) 장아찌

무, 오이, 도라지, 더덕, 고사리, 마늘 등의 채소가 많이 나는 제철에 된장이나 막장, 고추장, 간장 속에 넣어 저장하여 삭혀 만든 반찬이다. 각종 육류, 어류도 살짝 익혀 된장, 막장 속에 넣어 만든다(오이숙장아찌, 무숙 장아찌, 무말랭이장아찌).

17) 젓갈

어패류인 생선이나 조개류를 이용하는 염장식품으로 숙성 중 자체 효소에 의한 소화 작용과 약간의 발효작용에 의해서 만들어진다. 밑반찬으로 뿐만 아니라 김치에는 없어서 안 될 정도로 즐겨 먹는 칼슘공급원으로 소화가 잘 되고 식욕을 돋우어 주는 좋은 식품이다.
담그는 방법은 소금에 절인 것, 소금·술에 절인 것, 기름·천초 등을 넣어 향을 섞어서 담근 것 등이 있다. 또 각종 수조육류와 어패류를 섞어서 담근 어육장도 있다(새우젓, 꼴뚜기젓, 창란젓, 명란젓, 오징어젓, 굴젓, 어리굴젓, 멸치젓, 조개젓).

18) 김치

한국음식을 대표할 만큼 널리 알려진 김치는 찬품 중 가장 기본이라고 할 수 있다. 무, 배추 등을 소금에 절여 고추, 파, 마늘, 생강 등을 젓갈과 함께 넣

어 버무려 익힌 채소의 염장 발효식품이다. 김치의 종류는 담그는 재료, 담금법, 지역 등에 따라 상당히 많다. 채소가 부족한 시기에 비타민, 칼슘, 유기산을 공급해 주는 필수적인 저장식품이다(나박김치, 보쌈김치, 무김치, 오이소박이, 깍두기, 총각김치).

3. 후식류

1) 떡

떡은 역사가 가장 깊은 한국 고유의 곡물요리로서 용도와 제조방법에 따라 나눌 수 있다. 용도에 의하면 시식(그 계절에 특별히 있는 음식), 절식(명절에 맞추어 특별히 먹는 음식), 제례음식(제사지낼 때 쓰는 음식), 이웃과 나누어 먹는 정표로 널리 쓰였다.

① 찌는 떡 : 찌는 떡은 대개 곡물가루에 물을 내려 시루에 넣고 그대로 찌거나 고물을 얹어 가며 켜켜로 앉혀 찐 떡을 말한다(설기떡, 흑설기, 시루떡).

② 치는 떡 : 치는 떡은 곡물을 알맹이 그대로 찌거나 또는 가루를 내어 찐 다음, 절구나 안반에 놓고 매우 쳐서 만드는 떡이다(멥쌀로 만드는 가래떡이나 절편류, 찹쌀로 쪄서 치는 인절미류).

③ 빚는 떡 : 빚는 떡은 멥쌀가루와 찹쌀가루를 반죽하여 모양있게 빚어 만든 떡을 말한다. 이 떡은 빚어 찌거나, 빚어 고물을 묻히기도 하는 등 만드는 법에 따라 여러 가지가 있다.

④ 지지는 떡 : 지지는 떡은 곡물가루를 반죽하여 모양을 만들어 기름에 지진 것인데, 빈대떡과 전병이 대표적이다(화전, 빈대떡, 전병).

2) 한과

한과는 한국의 전통적인 과자로 과정류라 하며, 주재료는 대개 곡물과 꿀 기름을 사용하여 만든다. 과는 '果'자로서 과일이 없는 계절에 곡류를 가지고 과일의 형태를 만들었다고 한다.

① 약과(유밀과) : 밀가루에 꿀을 넣어 반죽한 것을 기름에 튀긴 한과이다.

② 매작과 : 밀가루에 생강즙을 넣고 반죽하여 칼집을 넣은 뒤 기름에 튀겨 설탕시럽을 바른 한과이다.

③ 정과(전과) : 수분이 적은 뿌리나 줄기 열매를 설탕시럽과 조청에 조려 만든 한과로 쫄깃쫄깃한 씹는 맛이 좋다.

④ 강정 : 유과의 일종으로 찹쌀반죽을 썰어 말렸다가 기름에 튀겨 고물을 묻히면 강정이고, 네모로 만들면 산적이라 한다.

⑤ 다식 : 볶은 곡식가루나 송화를 꿀로 반죽하여 전통무늬가 찍힌 다식판에 넣어 갖가지 문양이 나오게 하는 한과이다.
⑥ 엿강정 : 흑임자, 들깨, 흰깨, 콩, 땅콩, 호두, 잣 등을 물엿과 설탕에 섞어 밀어 굳힌 한과이다.

3) 엿

엿은 쌀, 찹쌀, 수수, 고구마 등을 익혀 엿기름으로 삭힌 즙액을 농축하여 만든다. 즉 녹말을 엿기름으로 당화시켜 농축시켜 만든 음식이다(찹쌀엿, 수수엿, 검은엿, 흰엿, 콩가루엿, 깨엿, 콩엿).

4) 차

차에는 잎, 열매, 과육, 곡류 등을 이용한 것이 있다. 차잎의 제조 방법에 따라 구분되는 녹차(옥로, 작설, 말차), 반발효차(오룡차), 완전발효차(홍차)가 있다. 그 외에 약용으로 이용되는 인삼차, 칡차, 결명자차, 구기자차, 두충차 등이 있다.

5) 화채

전통 후식인 화채는 오미자국물 또는 꿀물에 계절의 꽃이나 꽃잎, 과일 등을 실백과 함께 띄운 음료이다.

① 수정과 : 계피, 생강을 넣어 끓여 걸러서 설탕을 넣어 다시 끓인 다음 곶감이나 잣을 띄워 내는 음료이다.
② 식혜 : 밥에 엿기름물을 부어서 발효시킨 음료이다.
③ 배숙 : 배에 통후추를 박아 꿀물이나 설탕물에서 끓인 음료이다.
④ 감주 : 식혜를 만들어 밥알을 걸러낸 식혜물 만을 말한다.

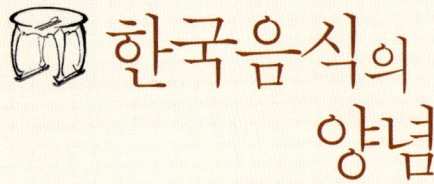
한국음식의 양념

1. 양념

1) 양념의 기능

음식을 만들 때 재료가 지닌 고유한 맛을 살리면서 음식마다 특유한 맛을 낼 때 사용된다. 양념은 한자로 약념(藥念)으로 표기하는데, '먹어서 몸에 약처럼 이롭기를 바라는 마음으로 여러 가지를 고루 넣어 만든다.'라는 뜻이 깃들어져 있다. 음식에 맛을 주어 맛있게 먹도록 하고 색을 주어 식욕을 돋구며 음식의 약리 효과를 높이기도 한다.

2) 양념의 종류

조미료와 향신료로 나눌 수 있다. 조미료의 기본양념은 짠맛, 단맛, 신맛, 매운맛, 쓴맛의 5가지 기본 맛을 내는 것이다. 음식에 따라 이 조미료들을 적당히 혼합하여 알맞은 맛을 내는 것으로 소금, 간장, 고추장, 된장, 식초, 설탕 등이 있다.

향신료는 그 자체로 좋은 향기를 내거나 매운맛, 쓴맛, 고소한맛 등을 내는 것으로 생강, 겨자, 후추, 고추, 참기름, 들기름, 깨소금, 파, 마늘, 천초 등이 있다.

① **간장_** 간장은 콩으로 만든 발효 식품으로 음식의 간을 맞추는 조미료이며 장맛이 좋아야 좋은 음식을 만들 수 있다. 오래된 간장은 조림, 육포 등에 사용하고 그 해에 담근 맑은 간장은 국을 끓일 때 사용한다.

② **소금_** 짠맛을 내는 기본적인 조미료이다. 소금은 불순물 제거 정도에 따라 호염, 재염, 제재염, 식탁염으로 구별된다. 소금을 음식에 넣을 때는 음식에 따라서 사용용도와 시기를 잘 선택해야 한다.

③ **된장_** 콩으로 메주를 쑤어 띄운 다음, 소금물에 담가 숙성시킨 후 간장을 떠내고 남는 건더기가 된장이다. 찌개, 토장국 등에 이용되며 단백질의 급원식품 역할까지 하는 좋은 영양공급원이다.

④ **고추장_** 고추장은 찹쌀고추장, 엿고추장 등이 있다. 고춧가루, 메줏가루, 소금을 각각의 재료와 함께 섞어 발효시킨다. 고추의 매운맛과 소금의 짠맛이 조화를 이룬 조미료인 동시에 기호식품이다.

⑤ **고춧가루_** 고추는 색이 곱고 껍질이 두꺼우며 윤기가 있는 것이 좋다. 용도에 따라 굵직하게 빻거나 곱게 갈아 빻는다. 또는 통고추로 두었다가 그때그때 다지거나 빻아서 쓰기도 한다.

⑥ **참기름_** 참깨를 볶아 짠 참기름은 독특한 향기가 있어 한식에 없어서는 안 되는 주요 기름으로 고소한 맛을 내는데 쓰인다. 나물을 무치거나 고기 기본양념에 주로 사용된다.

⑦ **들기름_** 들깨를 볶아 짠 것으로 들기름은 나물을 볶을 때 많이 사용한다.

⑧ **식용유_** 부침요리나 튀김요리를 할 때 주로 사용한다.

⑨ **깨소금_** 고소한 맛으로 간을 할 때 가미되는 것으로 참깨를 물에 조금 부어 비벼 씻어 물기를 뺀 다음 볶아 소금을 약간 넣어 반쯤 부서지게 빻아 사용한다.

⑩ **후추_** 매운맛을 내는 향신료로 통으로 사용되는 경우가 있으나 보통 갈아서 가루로 만들어 사용한다. 생선이나 음식의 비린 맛을 제거하고 음식의 맛과 향을 좋게 하여 식욕을 증진시킨다.

⑪ **계피_** 계수나무의 얇은 껍질을 말린 것으로 가루로 만들어 떡류, 한과류, 숙실과 등에 사용한다.

⑫ **겨자_** 겨자씨앗을 가루로 만들어 사용하는데 물로 개어 발효시켜 매운맛을 낸다. 겨자채, 냉채류 등에도 매콤하게 발효시킨 다음에 양념해 사용해야 한다.

⑬ **식초_** 신맛을 내는 조미료로 양조초와 합성초가 있다. 식초의 신맛은 초산이며 합성초는 화학적으로 합성한 것이므로 양조초나 과실초와 같은 특수한 미량성분이 포함되어 있지 않으므로 풍미는 없지만 식욕을 촉진시킬 뿐만 아니라 살균작용과 방부의 효과도 있다.

⑭ **설탕_** 단맛을 내는 조미료로 서당이 주성분인 천연감미료이다. 여러 종류의 가공방법이 있으며 흑설탕, 황설탕, 백설탕 등이 있다. 설탕은 감미 외에도 탈수성과 보존성이 있어 이러한 물리적 성질을 요리에 주로 이용하기도 한다.

⑮ **꿀_** 천연감미료로써 당분은 주로 포도당과 과당이므로 단맛이 강하고 흡수성이 있어 음식의 건조를 막아준다. 주로 과자류에 많이 사용되며 화채, 약과, 약식 등에도 사용된다.

⑯ **물엿_** 녹말을 당화효소 또는 산으로 분해해서 만든 단맛을 내는 감미료이다. 감미가 설탕에 비해 부드럽고 흡수성이 있다. 설탕과 같이 사용하기도 한다. 과자나 조림에 많이 이용한다.

⑰ **파_** 자극성 냄새와 독특한 맛으로 대부분의 조리에 사용된다. 고기나 생선의 나쁜 비린내를 제거한다. 파는 흰 부분과 푸른 부분의 구분이 뚜렷한 것이 좋다. 조미료는 곱게 채 썰어 사용하고, 향신료는 머리부분만 굵게 사용하며 고명으로는 곱게 다져서 사용한다.

⑱ **마늘_** 독특한 자극성의 맛과 향기가 있다. 살균, 구충, 강장 작용이 있으며 소화를 돕고 혈액순환을 촉진한다. 육류요리에 꼭 필요한 양념이다.

⑲ **생강**_ 쓴맛과 매운맛을 내며 강한 향을 가지고 있어 각종 요리에 많이 사용되며 생선의 비린내나 돼지고기의 냄새를 제거한다. 식욕증진과 몸을 따뜻하게 하는 작용, 연육 작용도 약간 있다. 생강은 껍질에 주름이 없고 싱싱한 것이 좋다.

⑳ **산초**_ 산초는 잎, 열매 모두 향신료로 사용되며 열매는 푸를 때 따서 장아찌를 만들기도 하며 익은 열매는 건조시켜 가루로 만들어 독특한 향과 매운 맛을 내는 조미료로 사용한다. 추어탕 등에는 산초가루가 잘 어울린다.

3) 양념의 가공법

양념은 생것을 그대로 쓰기도 하고 말려서 볶아 쓰기도 한다. 또 음식을 만드는 중에 넣기도 하며 음식을 먹을 때 직접 첨가하여 먹기도 한다.

4) 양념의 특징

양념은 음식의 맛을 결정하는데 중요한 역할을 한다. 향을 돋우거나 잡맛을 제거하여 재료와 어우러지는 최상의 음식을 만들어준다. 같은 양념이라도 넣는 순서나 시간에 따라서 음식의 맛이 달라진다.

① 채소류를 데칠 때 소금을 넣고 데친 후 찬물에 담가주면 채소의 색이 선명하여 식감을 좋게 한다.
② 시중에서 파는 개량식 된장은 살짝 끓이고, 재래식 된장은 오래 끓여야 제 맛이 난다.
③ 식초를 생선요리에 쓰면 비린내도 없애고 단백질이 응고하여 생선살이 단단해져서 잘 부숴지지 않는다. 식초를 사용할 때는 다른 조미료를 먼저 넣고 스며든 다음에 식초를 사용해야 한다.
④ 태양에 말린 고추가 쪄서 말린 고추보다 훨씬 더 비타민 함량이 높고 빛이 곱다.
⑤ 껍질을 벗겨서 가루로 만든 흰 후추는 매운맛은 약해 생선요리나 깨끗한 음식에 주로 사용한다.

5) 조리시 양념 제조법

① 쇠고기 기본 양념 : 설탕(1/2t), 간장(1t), 깨소금, 후춧가루, 참기름, 소금, 다진 파, 다진 마늘 약간
  ☞ 작품 중 쇠고기나 돼지고기가 들어가는 모든 요리와 표고버섯은 같은 양념을 사용한다.

② 구이류
  ☞ 고추장이 들어가는 작품 : 생선찌개
  ☞ 양념의 양은 너무 신경을 쓰지 않아도 된다.

③ 유장 : 간장(1/2t), 참기름(1t)으로 만들며 불에 조리하기 전에 담가 놓아 음식에 충분히 배게해야 맛있다(떡산적, 북어구이, 생선구이, 더덕구이).

한국음식의 상차림과 예절

1. 한식 상차림

① 반상 : 밥을 주식으로 하는 상차림
- 종류 : 반찬의 수에 따라 3첩, 5첩, 7첩, 9첩, 12첩으로 나눈다(조선조 임금의 수랏상은 12첩, 신하는 9첩이 최고였다).
- 첩수 : 밥, 국(탕), 조치(찌개, 짐, 전골), 김치, 장류(간장, 초간장, 고추장)를 제외하고 쟁첩에 담는 반찬수로 반찬의 종류를 정할 때는 재료가 중복되지 않도록 했다.

종류	기본 음식					쟁첩에 담은 반찬 종류						
	밥	탕(국)	김치	장류	조치류(찌개)	숙채	생채	구이	조림	전	마른찬, 젓갈	회
3첩	1	1	1	(간장)		1	1	1				
5첩	1	1	1	간장, 초간장	찌개	1	1	1		1	1	
7첩	1	1	1	초간장, 초고추장	찌개1 찜1	1	1	1	1	1	1	1
9첩	1	1	1			1	2	2	1	1	1	1
12첩	1	1	1			2	2	2	1	전, 편육	1	2

② 면상 : 국수를 주식으로 하는 상으로 점심이나 간단한 식사 때 주로 대접한다. 경사스러운 날에도 많이 차리는데, 김치류 중 깍두기는 안 차린다.
③ 주안상 : 주류를 대접하기 위한 상이므로 안주는 술의 종류나 손님의 기호를 감안해서 장만해야 한다. 안주에는 마른안주와 진안주가 있다.
④ 교자상 : 명절, 잔치 때 많은 사람들이 함께 모여 식사를 할 때 차리는 상이다.
⑤ 큰상 : 혼례, 회갑, 고희연(만 70세), 회혼(결혼한 지 만 60년) 등을 맞이하는 주인을 위해 차리는

상이다.
⑥ 돌상 : 아기가 태어나서 1년이 되면 건강하게 자란 것을 축하하고, 장래를 축복하기 위해 집안 식구와 친지들이 모여 아기에게 차려주는 상이다.
⑦ 다과상 : 차와 과자 등을 내는 상차림으로 손님에게 식사를 대접하기 전에 낸다.

2. 한식상과 식기

① 상 원반과 각반으로 나눌 수 있다. 원반은 1인용 또는 2인용의 소형 원반 외에 다수가 둘러앉아 식사를 할 수 있는 원반도 있다.
② 식기
- 주발 : 남성용 밥 그릇
- 바리 : 여성용 밥그릇
- 사발 : 밥을 담는 그릇
- 탕기 : 탕, 죽 그릇
- 대접 : 물이나 숭늉을 담는 그릇
- 합 : 떡 면류, 약식 등의 그릇
- 조반기 : 합과 용도가 비슷
- 반병두리 : 합과 비슷하나 뚜껑이 없음
- 종지 : 간장, 고추장 등의 조미료 그릇
- 보시기 : 김치를 담는 그릇
- 쟁첩 : 나물, 반찬 등의 그릇
- 쟁반 : 싯기류를 놓는 용기
- 수저 : 수는 숟가락, 저는 젓가락
- 토구 : 가시발라 놓는 그릇

3. 한식 접대법

① 상은 진지 그릇이 손님이나 어른 앞으로 가도록 하여 들고 들어가서 조용히 앉으면서 소리나지 않게 상을 놓고 밀어서 알맞은 위치에 놓는다.
② 가볍게 인사를 드리고 김치 그릇부터 밥 그릇, 조치보 등의 순서로 조심스럽게 뚜껑을 열어서 서너 개씩 포개어 엎어놓는다.
③ 식사 중 불편이 없도록 시중을 든다.
④ 숭늉은 국을 다 들 때 쯤 국그릇을 물린 자리에 놓는다.
⑤ 상을 물릴 때는 상 앞에 조용히 무릎을 꿇고 앉아서, 뚜껑을 상위에 올려놓은 다음 상을 들고 나온다.

⑥ 상을 물린 다음에는 과일이나 차 등을 낸다.
⑦ 주인은 손님이 편안하고 즐겁게 식사할 수 있는 분위기를 만들어야 한다

4. 한식 식사 중의 예의

① 여러 사람이 같이 식사할 때에는 항상 손윗사람이 수저를 든 다음에 시작해야 한다.
② 숟가락과 젓가락을 한 손에 같이 들고 사용하지 않는다.
③ 반찬은 자기가 먹을 수 있는 필요한 분량을 개인 접시에 담아서 먹는 것이 위생적이며, 김칫국이나 동치미를 떠먹을 때는 수저에 묻은 기름이 뜨지 않도록 조심해서 먹는다.
④ 식사 중에 돌이나 먹지 못할 것을 씹었을 때는, 옆 사람이 모르게 조용히 뱉어 상 밑에 놓았다가 식사가 끝난 뒤에 버린다.
⑤ 식사 중에는 명랑하고 온화한 모습으로 자연스럽게 이야기를 나누되, 입안에 음식이 있을 때에는 말을 삼가한다.
⑥ 여럿이 식사할 경우에는 식사시간을 맞추도록 하며, 먼저 식사가 끝난 경우에는 밥그릇에 수저를 걸쳐 놓는다.
⑦ 식사 예절은 평소에 몸에 익숙해야 하므로, 가족끼리 식사를 할 때에도 예절 바른 식사를 하도록 노력한다.

한국음식의 조리법

1. 칼의 쓰임새

① **칼 앞끝**_ 고기의 살과 뼈를 바르고 힘줄을 떼어 낼 때, 생선의 포를 뜨거나 내장을 도려낼 때, 야채의 꼭지를 도려낼 때 사용한다.

② **칼 중앙**_ 가장 많이 사용하는 부위로 썰기와 자르기, 다지기 등에 사용한다.

③ **칼 밑**_ 과일의 껍질을 벗기거나, 단단한 껍질이나 뼈 등을 자를 때 사용한다.

④ **칼 턱**_ 작고 오목한 부분은 감자의 눈을 도려내는데 사용하거나 잘 끓어지지 않는 딱딱한 부위를 자를 때 사용한다.

⑤ **칼 등**_ 얇고 긴 야채의 껍질을 벗길 때, 생선의 비늘을 긁을 때, 고기를 부드럽게 다질 때 사용한다.

⑥ **칼 배(칼편)**_ 두부를 으깨거나 마늘, 생강을 곱게 다질 때 칼 배로 누른 다음 다져 사용한다.

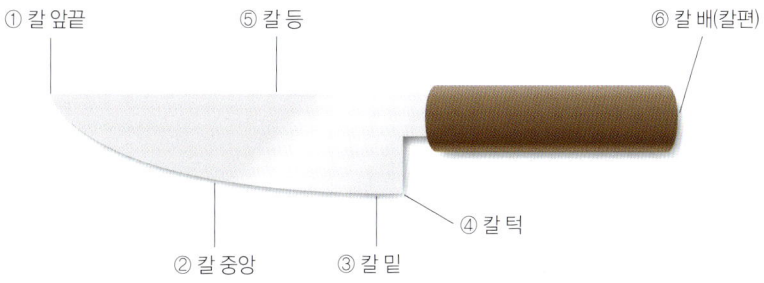

① 칼 앞끝 ⑤ 칼 등 ⑥ 칼 배(칼편)
② 칼 중앙 ③ 칼 밑 ④ 칼 턱

① **어슷썰기_** 파, 오이, 당근 등 긴 재료들을 적당한 두께로 비스듬하게 단면적이 많도록 써는 방법으로 맛이 우러나기 쉬우므로 조림에 사용된다.

② **통썰기_** 오이, 연근, 당근, 애호박 등을 통째로 써는 방법으로 재료와 만드는 조리법에 따라 다르게 조절한다. 보통 국, 조림, 절임 등에 이용된다.

③ **반달썰기_** 무, 감자, 고구마, 애호박 등을 통째로 썰기에 너무 큰 재료들은 반으로 가른 후 반달 모양으로 썬다.

④ **은행잎 썰기_** 당근, 애호박, 감자, 무 등 긴 재료를 4등분으로 썬다. 주로 조림이나 찌개에 사용된다.

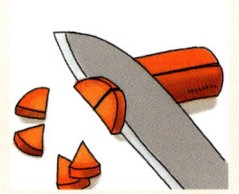

⑤ **나박썰기(골패썰기)_** 무, 당근 등 둥근 재료를 토막을 낸 다음 네모지게 가장자리를 잘라 정사각형 모양으로 만들어 사용되고, 골패는 직사각형으로 얇게 썬다.

⑥ **깍둑썰기(송송썰기)_** 두부, 감자 등을 긴막대기 모양으로 한 다음 주사위 모양처럼 써는 방법이다. 주로 깍두기, 찌개에 사용된다.

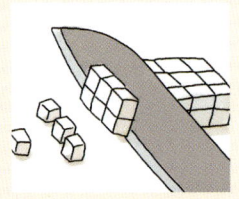

⑦ **얇팍썰기**_ 원하는 길이로 재료를 자른 다음 고른 두께로 얇게 썰거나 재료의 모양 그대로를 얇팍하게 써는 방법이다. 주로 볶음이나 조림에 사용된다.

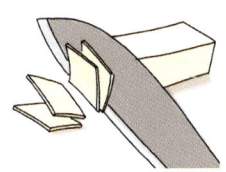

⑧ **채썰기**_ 재료를 넓이가 있게 얇팍썰기 한 것을 포개서 가늘게 써는 방법이다. 보통 생채나 생선회에 곁들이는 채소를 썰 때 사용된다.

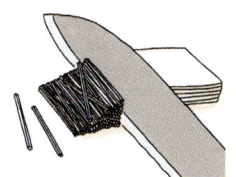

⑨ **막대썰기**_ 재료를 원하는 길이로 자른 다음 조리법에 맞는 알맞은 굵기의 막대 모양으로 써는 방법이다. 주로 무숙장아찌나 오이장아찌 등의 재료를 썰 때 사용된다.

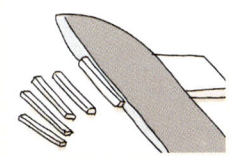

⑩ **다져썰기**_ 채 썬 것을 가지런히 모아 직각으로 잘게 써는 방법이다. 마늘, 파, 생강 등 양념을 만들 때 주로 사용된다.

⑪ **마구썰기**_ 오이나 당근 등과 같이 가늘고 길이가 있는 재료를 한입 크기로 각이 지게 써는 방법으로 단단한 채소의 조림에 사용된다.

⑫ **깎아썰기**_ 우엉, 무 등의 재료를 껍질을 벗겨 돌려가며 연필 깎듯이 칼날의 끝 부분으로 얇게 써는 방법을 말한다

2. 고명 준비하기

1) 달걀지단
달걀을 흰자와 노른자로 분리하여 각각 소금을 넣어 간하고, 팬에 기름을 두르고 예열한 다음 달걀을 얇게 편 후 양면을 지져서 용도에 맞는 모양으로 썬다.

주의
- 불조절이 가장 중요하다. 노란지단 60~65℃, 흰색지단 50~60℃가 적합하며 노란지단을 부친 후 바로 흰색지단을 부친다.
- 부칠 때 달걀이 얇아 찢어질 수 있으므로 테두리 부분을 산적 꼬치로 긁어준 다음 뒤집으면 쉽다.
- 달걀의 노른자와 흰자를 분리할 때 알끈을 제거한 뒤, 풀어줄 때 특히 흰자 거품이 생기는 것을 제거한다. 또한 부칠 때 구멍이 생기지 않도록 산적꼬치를 이용해서 제거한다.

2) 미나리 초대
미나리를 깨끗이 씻어 손질한 다음 줄기만 12cm 정도의 길이로 잘라 굵은 쪽과 가는 쪽을 번갈아 가며 꼬치에 빈틈없이 가지런히 꿴다. 칼등으로 두들겨서 네모지게 모양을 만들어 밀가루를 얇게 묻힌 다음 풀어 놓은 달걀물에 담갔다가 기름 두른 예열된 팬에서 지진 후에 완자형이나 골패형으로 썰어 신선로, 전골, 탕 등에 사용한다.

주의 : 지나치게 오래 지지거나 밀가루를 두툼하게 묻혀 달걀을 입히면 선명한 색이 나오지 않는다.

3) 고기고명(고기완자)
쇠고기의 살을 곱게 다진 뒤 양념하여 고루 섞는다. 봉오리 모양처럼 1~2cm 정도 둥글게 빚어서 밀가루를 얇게 묻힌 다음 풀어놓은 달걀물에 담갔다가 기름 두른 예열된 팬에서 굴려가면서 전체적으로 고르게 지진다.

주의
- 고기가 곱게 다져지지 않은 상태에서 완자를 만들 경우 표면이 매끄럽지 않게 나온다.
- 다진 고기나 채 썬 고기를 볶을 때 젓가락으로 잘 풀어주지 않으면 고기가 덩어리져서 익혀진다.

참고
- 고기 고명은 고기를 곱게 다져 양념하여 볶아 식힌 후 다시 다져서 장국이나 국수의 고명으로 쓰인다.
- 채썰기 고명은 가늘고 얇게 채 썰어 양념한 뒤 볶아서 떡국이나 국수의 고명으로 얹는다.

4) 버섯고명
표고버섯 : 표고버섯은 만드는 음식에 따라 적당한 크기의 것으로 골라 물에 불린다음 기둥을 떼어내고 용도에 맞게 썰어 양념한 뒤 볶아 사용한다.

주의 : 표고버섯은 2010년 3월부터 물에 불려 지급된다.

석이버섯 : 석이버섯은 부서지지 않은 큰 것을 골라 뜨거운 물에 불려서 소금을 이용하여 양손으로 비벼 안쪽의 이끼를 깨끗이 벗겨내고, 여러 번 물에 헹구어 버섯에 붙어 있는 모래를 말끔히 벗겨낸다. 채로 썰 때는 말아서 썰어 준비하고, 다져서 계란흰자에 섞어 풀어둔 흰자달걀과 섞어 석이지단을 부쳐 보쌈김치, 국수, 잡채 등에 사용한다.

주의 : 말아서 채를 썰 때 단단하게 말아준 후 써는 것이 편하다.

5) 고추고명

실고추 : 붉은 색으로 곱게 말린 고추를 갈라서 씨를 털어내고 젖은 행주에 싸서 눅눅해지면 2개 정도 겹쳐서 단단하게 돌려 말아 곱게 채를 썰어 준비한다. 나물이나 국수 고명에 김치에 주로 쓰인다.

주의 : 고명으로 사용되는 실고추는 길이를 맞추어 올리는 것이 깔끔하다.

붉은고추·풋고추 : 말리지 않는 붉은고추와 풋고추는 반으로 갈라 씨를 제거하여 완자형이나 골패형, 채로 썰어서 사용한다. 익은 음식의 고명으로 사용될 경우 끓는 물에 살짝 데쳐 사용하는 것이 좋다.

6) 잣

딱딱한 껍질을 까고 얇은 속껍질까지 벗겨서 시판되고 있다. 되도록 굵어 통통하고 기름이 겉으로 배지 않는 것을 사용하는 것이 좋다. 잣은 뾰족한 쪽의 고깔을 뗀 다음 통째로 통잣으로 쓰거나 길이로 반을 갈라서 비늘잣이나 잣가루로 사용한다.

주의
- 잣가루를 준비할 때 A4용지를 이용하여 그 위에서 칼로 곱게 다져 사용하는 것이 좋다.
- 물기가 있는 도마 위에서 다질 경우 잣가루가 뭉쳐진다.

7) 은행

딱딱한 껍질을 까서 기름 두른 예열된 팬에 굴리면서 볶아주어 뜨거울 때 마른행주나 종이위에 놓고 소금을 약간 뿌린 뒤 비벼서 은행의 속껍질을 벗긴다. 소금을 살짝 약간 넣은 끓는 물에 넣어 국자로 누르면서 삶아 껍질을 벗긴다.

8) 호두

딱딱한 껍질을 알맹이가 부서지지 않게 꺼내어 반으로 갈라 뜨거운 물에 잠시 담갔다가 꼬치를 이용하여 속껍질을 벗긴다.

주의 : 호두살을 뜨거운 물에 너무 오래 담가두면 불어서 잘 부서지고 껍질을 벗기기가 어려울 수 있으므로 많은 양을 벗겨 사용할 때는 여러 번 나눠 불려서 벗긴다.

9) 대추

마른 대추를 찬물에 재빨리 씻어 건져 마른 행주로 닦고, 돌려 깎기하여 씨를 뺀 다음 채로 썰어 고명으로 사용하거나 밀대로 편편히 눌러 돌돌 말아 꽃모양으로 쓰인다.

10) 밤

단단한 겉껍질을 벗기고 속껍질까지 말끔히 벗긴 후 찜에는 통째로 사용하고, 편이나 고물에는 채로 썰어 사용한다.

3. 계량하기

능률적이면서 합리적인 조리를 하기 위해서는 식재료의 계량이 필요하다. 계량이 정확하지 않으면 매번 음식의 맛이 달라질 수 있으므로 정확하게 계량하여 사용하는 것이 좋다.

1) 계량단위

일반적인 단어	중량	약자	부피측정법/동일한부피
tea spoon	5㎖	t 또는 tsp	
Table spoon	15㎖	T 또는 Tbsp	= 3 tea spoon
Cup	200㎖	C 또는 c	= 16 Table spoon

2) 계량시 유의사항

- 사용하는 계량컵이나 스푼은 이물질이 묻어 있지 않은 깨끗한 상태에서 사용한다.
- 밀가루나 설탕 등의 재료는 덩어리가 있으면 부수어 체에 쳐서 고르게 한 다음, 계량컵이나 스푼에 가볍게 담아 윗면을 수평이 되도록 깎아서 잰다.
- 기름이나 간장 등의 액체 식품은 컵이나 스푼에 약간 솟아오를 정도로 가득 채워서 잰다.
  - 된장이나 고추장, 다진 고기 등은 빈 공간이 없도록 채워서 윗면을 수평이 되도록 깎아서 잰다.
  - 곡류처럼 입자가 큰 식품은 컵에 가득 담아 살살 흔들어 윗면이 수평이 되도록 깎아서 잰다.

4. 조리를 빠르게 잘하는 방법

1) 재료를 지급받고 과제를 선정 받으면 먼저 조리 방법과 순서를 정한다.

2) 불을 사용하는 과제가 있으면 맨 먼저 냄비에 물을 담아 불에 올려놓고 끓인다.

3) 지급받은 재료들을 물에 씻는다.

4) 조리할 재료들을 다듬는다.

5) 재료들을 작업이 같은 것끼리 모아서 같이 한다(원래는 따로 볶아 내야하지만 시간이 없으면 후라이팬에 한꺼번에 나누어 볶는다).

6) 조리 도구들을 손에 가장 잘 닿는 곳에 진열하여 바로 쓸 수 있도록 정리하면서 사용한다.

7) 작품을 그릇에 보기 좋게 색깔을 배합하여 담아야 잘 만든 작품이 돋보인다.

Korean Cook Craftsman
Required Subject

Recipe

⋮

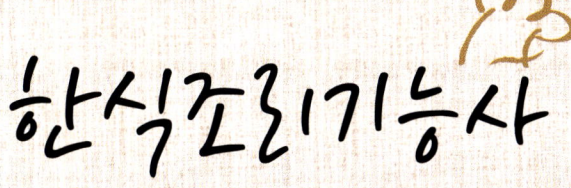

33과제 레시피

기초조리실무

01 재료썰기

시험시간_ 25분

▶ **NCS**(국가직무능력표준) 과정의 주안점
- 기본 썰기 방법을 습득할 수 있다.
- 조리목적에 맞게 식재료를 썰 수 있다.
- 한식 고명에 대한 지식을 이해하고 습득할 수 있다.
- 한식 기본 재료와 전처리 방법, 활용방법에 대한 지식을 이해하고 습득할 수 있다.

요구사항

주어진 재료를 사용하여 다음과 같이 재료 썰기를 하시오.

가. 무, 오이, 당근, 달걀지단을 썰기 하여 전량 제출하시오.
(단, 재료별 써는 방법이 틀렸을 경우 실격 처리됩니다.)

나. 무는 채썰기, 오이는 돌려깎기하여 채썰기, 당근은 골패썰기를 하시오.

다. 달걀은 흰자와 노른자를 분리하여 알끈과 거품을 제거하고 지단을 부쳐 완자(마름모꼴)모양으로 각 10개를 썰고, 나머지는 채썰기를 하시오.

라. 재료 썰기의 크기는 다음과 같이 하시오.
  ① 채썰기 – 0.2cm×0.2cm×5cm
  ② 골패썰기 – 0.2cm×1.5cm×5cm
  ③ 마름모형 썰기 – 한 면의 길이가 1.5cm

수험자 유의사항

1. 만드는 순서에 유의하며, 위생과 숙련된 기능평가를 위하여 조리작업 시 맛을 보지 않습니다.
2. 지정된 수험자지참준비물 이외의 조리기구나 재료를 시험장 내에 지참할 수 없습니다.
3. 지급재료는 시험 전 확인하여 이상이 있을 경우 시험위원으로부터 조치를 받고 시험 중에는 재료의 교환 및 추가지급은 하지 않습니다.
4. 요구사항 및 지급재료의 규격은 "정도"의 의미를 포함하며, 지급된 재료의 크기에 따라 가감하여 채점합니다.
5. 위생복, 위생모, 앞치마, 마스크를 착용하여야 하며, 시험장비·조리도구 취급 등 안전에 유의합니다.
6. 다음 사항은 실격에 해당하여 채점 대상에서 제외됩니다.
    가) 수험자 본인이 시험 도중 시험에 대한 포기 의사를 표현하는 경우
    나) 위생복, 위생모, 앞치마, 마스크를 착용하지 않은 경우
    다) 시험시간 내에 과제 두 가지를 제출하지 못한 경우
    라) 문제의 요구사항대로 과제의 수량이 만들어지지 않은 경우
    마) 완성품을 요구사항의 과제(요리)가 아닌 다른 요리(예, 달걀말이→달걀찜)로 만든 경우
    바) 불을 사용하여 만든 조리작품이 작품특성에 벗어나는 정도로 타거나 익지 않은 경우
    사) 해당과제의 지급재료 이외 재료를 사용하거나, 요구사항의 조리기구(석쇠 등)로 완성품을 조리하지 않은 경우
    아) 지정된 수험자지참준비물 이외의 조리기술에 영향을 줄 수 있는 기구를 사용한 경우
    자) 가스레인지 화구 2개 이상(2개 포함) 사용한 경우
    차) 시험 중 시설·장비(칼, 가스레인지 등) 사용 시 시험위원 및 타수험자의 시험 진행에 위해를 일으킬 것으로 시험위원 전원이 합의하여 판단한 경우
    카) 요구사항에 표시된 실격 및 부정행위에 해당하는 경우
7. 항목별 배점은 위생상태 및 안전관리 5점, 조리기술 30점, 작품의 평가 15점입니다.
8. 시험시작 전 가벼운 몸 풀기(스트레칭) 동작으로 긴장을 풀고 시험을 시작합니다.

지급 재료
- 무 100g
- 오이(길이 25cm 정도) 1/2개
- 당근(길이 6cm 정도) 1토막
- 달걀 3개
- 식용유 20mL
- 소금 10g

RECIPE

재료 씻기 → 재료 손질 → 무 채썰기 → 오이 껍질 썰기 → 당근 골패 썰기 → 황·백지단 부치기 → 마름모꼴 썰기 → 채썰기

재료 씻기
01 지급받은 무와 당근을 깨끗이 씻은 후 칼로 껍질을 벗겨준다.
02 오이는 소금으로 문질러 껍질을 씻는다.

▲ 오이 돌려깎기

무, 오이, 당근 썰기
03 무는 길이 5cm로 자른 후, 두께와 폭은 0.2cm로 일정하게 채를 썬다.
04 오이는 길이 5cm로 자른 후, 껍질부터 돌려 깎고, 두께와 폭을 0.2cm로 일정하게 채를 썬다.
05 당근은 길이 5cm로 자른 후, 두께 0.2cm, 폭 1.5cm로 골패 썰기를 한다.

▲ 무 썰기

▲ 오이 썰기

▲ 당근 골패썰기

황·백지단 썰기

06 **달걀**은 흰자와 노른자를 분리하여 알끈과 거품을 제거하고 황·백지단을 부친다.

07 **황·백지단**을 각각 폭 1.5cm로 두 줄 잘라내고 이를 겹쳐 비스듬하게 1.5cm 간격으로 잘라 완자(마름모꼴) 모양을 각 10장씩을 준비한다.

08 **완자(마름모꼴) 모양 썰기** 후 남아있는 황·백지단은 모두 0.2×0.2×5cm로 채를 썬다.

▲ 지단 부치기

▲ 지단 썰기

팁 & 체크포인트

- 무, 오이, 당근의 껍질을 너무 두껍게 깎으면 재료의 제출량이 줄어들 수 있으므로 되도록 얇게 깎도록 한다.
- 식품을 썰 때는 일반적으로 왼손으로 재료를 누르고 써는데, 손가락 끝을 안쪽으로 넣고 손가락의 첫째 마디를 칼에 대는 듯이 한다.

밥조리 −1

02 콩나물밥

 **시험시간_** 30분

▶ **NCS**(국가직무능력표준) 과정의 주안점
- 밥의 종류와 형태에 따라 조리시간과 방법을 조절할 수 있다.
- 조리도구, 조리법과 쌀, 잡곡의 재료특성에 따라 물의 양을 가감할 수 있다.
- 조리도구와 조리법에 맞도록 화력조절, 가열시간 조절, 뜸 들이기를 할 수 있다.

요구사항

주어진 재료를 사용하여 다음과 같이 콩나물밥을 만드시오.

가. 콩나물은 꼬리를 다듬고 소고기는 채썰어 간장양념을 하시오.
나. 밥을 지어 전량 제출하시오.

수험자 유의사항

1. 만드는 순서에 유의하며, 위생과 숙련된 기능평가를 위하여 조리작업 시 맛을 보지 않습니다.
2. 지정된 수험자지참준비물 이외의 조리기구나 재료를 시험장 내에 지참할 수 없습니다.
3. 지급재료는 시험 전 확인하여 이상이 있을 경우 시험위원으로부터 조치를 받고 시험 중에는 재료의 교환 및 추가지급은 하지 않습니다.
4. 요구사항 및 지급재료의 규격은 "정도"의 의미를 포함하며, 지급된 재료의 크기에 따라 가감하여 채점합니다.
5. 위생복, 위생모, 앞치마, 마스크를 착용하여야 하며, 시험장비·조리도구 취급 등 안전에 유의합니다.
6. 다음 사항은 실격에 해당하여 채점 대상에서 제외됩니다.
    가) 수험자 본인이 시험 도중 시험에 대한 포기 의사를 표현하는 경우
    나) 위생복, 위생모, 앞치마, 마스크를 착용하지 않은 경우
    다) 시험시간 내에 과제 두 가지를 제출하지 못한 경우
    라) 문제의 요구사항대로 과제의 수량이 만들어지지 않은 경우
    마) 완성품을 요구사항의 과제(요리)가 아닌 다른 요리(예, 달걀말이→달걀찜)로 만든 경우
    바) 불을 사용하여 만든 조리작품이 작품특성에 벗어나는 정도로 타거나 익지 않은 경우
    사) 해당과제의 지급재료 이외 재료를 사용하거나, 요구사항의 조리기구(석쇠 등)로 완성품을 조리하지 않은 경우
    아) 지정된 수험자지참준비물 이외의 조리기술에 영향을 줄 수 있는 기구를 사용한 경우
    자) 가스레인지 화구 2개 이상(2개 포함) 사용한 경우
    차) 시험 중 시설·장비(칼, 가스레인지 등) 사용 시 시험위원 및 타수험자의 시험 진행에 위해를 일으킬 것으로 시험위원 전원이 합의하여 판단한 경우
    카) 요구사항에 표시된 실격 및 부정행위에 해당하는 경우
7. 항목별 배점은 위생상태 및 안전관리 5점, 조리기술 30점, 작품의 평가 15점입니다.
8. 시험시작 전 가벼운 몸 풀기(스트레칭) 동작으로 긴장을 풀고 시험을 시작합니다.

지급 재료
- 불린 쌀 150g
- 콩나물 60g
- 소고기(살코기) 30g
- 대파 흰부분 1/2토막
- 마늘 깐 것 1쪽
- 진간장 5mL
- 참기름 5mL

〈소고기 양념〉
- 간장 1t
- 다진 파
- 다진 마늘
- 참기름 약간

RECIPE

재료 확인 → 쌀 불리기 → 재료 손질 → 밥짓기 → 뜸 들이기 → 밥 그릇에 담기

쌀 불리기

01 냄비에 **불린 쌀**을 넣고 동량의 물 또는 콩나물의 수분을 고려하여 동량보다 약간 적은 양의 물을 붓는다.

▲ 쌀 불리기

재료 손질

02 **콩나물**은 꼬리만 제거하여 씻고 **파**, **마늘**은 곱게 다진다.
03 **고기**는 채를 썰어 양념한 후 쌀에 넣어 섞는다.

▲ 콩나물 다듬기

▲ 고기 채썰기

▲ 고기 양념하기

밥짓기
04 그 위 콩나물을 얹고 끓이기 시작해 끓으면 약한 불로 조절하여 계속해서 조리한다.

뜸 들이기
05 누룽지 생기듯 소리가 나기 시작하면 뚜껑을 열고 저어준 후 불을 끄고 뚜껑을 닫은 상태로 뜸을 들인다.
06 밥이 완성되면 콩나물과 소고기를 고루 섞어서 그릇에 담는다.

▲ 밥 짓기

▲ 밥 섞기

✅ 팁 & 체크포인트

- 일반적으로 밥을 지을 때 쌀이 흡수하는 물의 양은 쌀 중량의 1.2~1.4배 정도이며, 가열 시 증발량, 기호, 용도에 따라 달라지지만 보통 쌀 중량의 1.5배 정도를 평균으로 한다. 다만, 과제의 경우 이미 수분을 함유한 불린 쌀이 주어지므로 불린 쌀의 양과 동량의 물을 붓거나 콩나물에서 나오는 수분을 고려하여 동량에서 1~2스푼 정도의 물을 뺀 양을 붓는다.

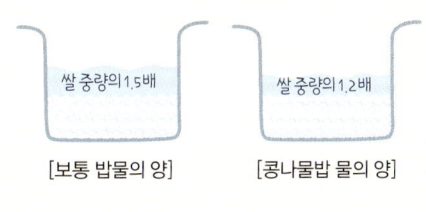
[보통 밥물의 양] [콩나물밥 물의 양]

- 콩나물밥을 지을 때 중간에 뚜껑을 열면 비린내가 나므로 쌀알이 다 익은 후 뚜껑을 열고 나무주걱으로 한번 저어 준다.

03 비빔밥

밥조리 -2

 시험시간_ 50분

▶ **NCS**(국가직무능력표준) 과정의 주안점
- 밥의 종류와 형태에 따라 조리시간과 방법을 조절할 수 있다.
- 밥을 따뜻하게 담아낼 수 있다.
- 조리 종류에 따라 나물 등 부재료와 고명을 얹거나 양념장을 곁들일 수 있다.

요구사항

주어진 재료를 사용하여 다음과 같이 비빔밥을 만드시오.

가. 채소, 소고기, 황·백지단의 크기는 0.3cm×0.3cm×5cm로 써시오.
나. 호박은 돌려깎기하여 0.3cm×0.3cm×5cm로 써시오.
다. 청포묵의 크기는 0.5cm×0.5cm×5cm로 써시오.
라. 소고기는 고추장 볶음과 고명에 사용하시오.
마. 밥을 담은 위에 준비된 재료들을 색 맞추어 돌려 담으시오.
바. 볶은 고추장은 완성된 밥 위에 얹어 내시오.

수험자 유의사항

1. 만드는 순서에 유의하며, 위생과 숙련된 기능평가를 위하여 조리작업 시 맛을 보지 않습니다.
2. 지정된 수험자지참준비물 이외의 조리기구나 재료를 시험장 내에 지참할 수 없습니다.
3. 지급재료는 시험 전 확인하여 이상이 있을 경우 시험위원으로부터 조치를 받고 시험 중에는 재료의 교환 및 추가지급은 하지 않습니다.
4. 요구사항 및 지급재료의 규격은 "정도"의 의미를 포함하며, 지급된 재료의 크기에 따라 가감하여 채점합니다.
5. 위생복, 위생모, 앞치마, 마스크를 착용하여야 하며, 시험장비·조리도구 취급 등 안전에 유의합니다.
6. 다음 사항은 실격에 해당하여 채점 대상에서 제외됩니다.
    가) 수험자 본인이 시험 도중 시험에 대한 포기 의사를 표현하는 경우
    나) 위생복, 위생모, 앞치마, 마스크를 착용하지 않은 경우
    다) 시험시간 내에 과제 두 가지를 제출하지 못한 경우
    라) 문제의 요구사항대로 과제의 수량이 만들어지지 않은 경우
    마) 완성품을 요구사항의 과제(요리)가 아닌 다른 요리(예, 달걀말이→달걀찜)로 만든 경우
    바) 불을 사용하여 만든 조리작품이 작품특성에 벗어나는 정도로 타거나 익지 않은 경우
    사) 해당과제의 지급재료 이외 재료를 사용하거나, 요구사항의 조리기구(석쇠 등)로 완성품을 조리하지 않은 경우
    아) 지정된 수험자지참준비물 이외의 조리기술에 영향을 줄 수 있는 기구를 사용한 경우
    자) 가스레인지 화구 2개 이상(2개 포함) 사용한 경우
    차) 시험 중 시설·장비(칼, 가스레인지 등) 사용 시 시험위원 및 타수험자의 시험 진행에 위해를 일으킬 것으로 시험위원 전원이 합의하여 판단한 경우
    카) 요구사항에 표시된 실격 및 부정행위에 해당하는 경우
7. 항목별 배점은 위생상태 및 안전관리 5점, 조리기술 30점, 작품의 평가 15점입니다.
8. 시험시작 전 가벼운 몸 풀기(스트레칭) 동작으로 긴장을 풀고 시험을 시작합니다.

지급 재료
- 불린 쌀 150g
- 애호박 60g
- 도라지 20g
- 고사리 30g
- 청포묵 40g
- 소고기(살코기) 30g
- 달걀 1개
- 건다시마 1장
- 고추장 40g
- 식용유 30mL
- 대파 흰부분 1토막
- 마늘 간 것 2쪽
- 진간장 15mL
- 흰설탕 15g
- 깨소금 5g
- 검은후춧가루 1g
- 참기름 5mL
- 소금 10g

〈고사리·소고기 양념〉
- 진간장 1T
- 흰설탕 1/2T
- 다진 파
- 다진 마늘
- 깨소금
- 후추
- 참기름 약간

〈약고추장〉
- 다진 소고기 10g
- 고추장 1T
- 물 2T
- 흰설탕 1/2T
- 참기름 약간

 RECIPE

재료확인 → 밥짓기 → 재료손질 → 끓는 물 준비 → 청포묵 데치기 → 재료 양념하기 → 재료 볶기 → 다시마 튀기기 → 약고추장 만들기 → 완성그릇에 담기

밥짓기
01 불린 쌀과 동량의 물을 붓고 센불에서 익히다 끓는 소리가 나면 중불, 밥알이 '톡톡' 익는 소리가 나면 약불로 낮추고 3분 정도 뜸을 들인다.

▲ 밥짓기

재료 손질하기
02 청포묵은 0.5×0.5×5cm로 썰고 끓는 물에 데쳐서 소금, 참기름으로 밑간한다.
03 도라지는 0.3×0.3×5cm로 썰고 소금으로 문질러 씻은 후 물기를 제거한다.
04 호박은 돌려 깎아 0.3×0.3×5cm로 썰고 소금을 뿌려 물기를 제거한다.
05 고사리는 5cm로 썰어서 양념한다.
06 소고기의 2/3는 0.3×0.3×5cm로 썰어서 양념한다.

▲ 청포묵 데치기

재료볶기

07 기름 두른 팬에 황·백지단을 부쳐서 0.3×0.3×5cm로 채를 썰고, 애호박 → 도라지 → 고사리 → 소고기 순으로 볶고 다시마를 튀겨서 잘게 부순다.

▲ 애호박 볶기

▲ 고기 볶기

▲ 다시마 튀기기

약고추장 만들기

08 소고기 1/3은 다져서 기름 두른 팬에 볶다가 고추장, 설탕, 물, 참기름을 넣고 볶는다.

09 그릇에 밥을 담고 그 위에 볶은 재료들을 색이 겹치지 않게 돌려 담은 뒤 약고추장, 다시마 튀각을 얹어 제출한다.

▲ 약고추장 만들기

팁 & 체크포인트

- 밥을 태우거나 눌러붙게 했을 때는 전체 제출량이 적어지므로 불 조절에 유의하며 밥을 짓는다.
- 약고추장을 수분없이 충분히 볶아서 밥 위에 올렸을 때 청포묵, 흰 지단에 고추장물이 흐르지 않도록 한다.

죽조리

04 장국죽

시험시간_ 30분

▶ **NCS**(국가직무능력표준) 과정의 주안점
- 죽의 종류와 형태에 따라 조리시간과 방법을 조절할 수 있다.
- 조리도구, 조리법, 쌀과 잡곡의 재료특성에 따라 물의 양을 가감할 수 있다.
- 조리도구와 조리법, 재료특성에 따라 화력과 가열시간을 조절할 수 있다.

요구사항

주어진 재료를 사용하여 다음과 같이 장국죽을 만드시오.

가. 불린 쌀을 반정도로 싸라기를 만들어 죽을 쑤시오.
나. 소고기는 다지고 불린 표고는 3cm 정도의 길이로 채 써시오.

수험자 유의사항

1. 만드는 순서에 유의하며, 위생과 숙련된 기능평가를 위하여 조리작업 시 맛을 보지 않습니다.
2. 지정된 수험자지참준비물 이외의 조리기구나 재료를 시험장 내에 지참할 수 없습니다.
3. 지급재료는 시험 전 확인하여 이상이 있을 경우 시험위원으로부터 조치를 받고 시험 중에는 재료의 교환 및 추가지급은 하지 않습니다.
4. 요구사항 및 지급재료의 규격은 "정도"의 의미를 포함하며, 지급된 재료의 크기에 따라 가감하여 채점합니다.
5. 위생복, 위생모, 앞치마, 마스크를 착용하여야 하며, 시험장비·조리도구 취급 등 안전에 유의합니다.
6. 다음 사항은 실격에 해당하여 채점 대상에서 제외됩니다.
    가) 수험자 본인이 시험 도중 시험에 대한 포기 의사를 표현하는 경우
    나) 위생복, 위생모, 앞치마, 마스크를 착용하지 않은 경우
    다) 시험시간 내에 과제 두 가지를 제출하지 못한 경우
    라) 문제의 요구사항대로 과제의 수량이 만들어지지 않은 경우
    마) 완성품을 요구사항의 과제(요리)가 아닌 다른 요리(예, 달걀말이→달걀찜)로 만든 경우
    바) 불을 사용하여 만든 조리작품이 작품특성에 벗어나는 정도로 타거나 익지 않은 경우
    사) 해당과제의 지급재료 이외 재료를 사용하거나, 요구사항의 조리기구(석쇠 등)로 완성품을 조리하지 않은 경우
    아) 지정된 수험자지참준비물 이외의 조리기술에 영향을 줄 수 있는 기구를 사용한 경우
    자) 가스레인지 화구 2개 이상(2개 포함) 사용한 경우
    차) 시험 중 시설·장비(칼, 가스레인지 등) 사용 시 시험위원 및 타수험자의 시험 진행에 위해를 일으킬 것으로 시험위원 전원이 합의하여 판단한 경우
    카) 요구사항에 표시된 실격 및 부정행위에 해당하는 경우
7. 항목별 배점은 위생상태 및 안전관리 5점, 조리기술 30점, 작품의 평가 15점입니다.
8. 시험시작 전 가벼운 몸 풀기(스트레칭) 동작으로 긴장을 풀고 시험을 시작합니다.

지급 재료
- 불린 쌀 100g
- 소고기(살코기) 20g
- 불린 표고버섯 1개
- 대파 흰부분 1토막
- 마늘 깐 것 1쪽
- 진간장 10mL
- 국간장 10mL
- 깨소금 5g
- 검은후춧가루 1g
- 참기름 10mL

〈소고기 · 표고버섯 양념〉
- 진간장 1t
- 다진 파
- 다진 마늘
- 깨소금
- 후추
- 참기름 약간

RECIPE

재료확인 → 재료손질 → 재료 양념하기 → 재료 볶기 → 물 붓기 → 죽 끓이기 → 완성그릇에 담기

재료 손질하기

01 **불린 쌀**은 비닐에 넣고 밀대를 이용해서 쌀알을 2~3쪽나게 부순다.

02 **불린 표고버섯**은 두꺼우면 포를 뜬 후 3cm 길이로 채를 썬다.

03 **소고기**는 핏물을 제거한 후 다져서 다진 파, 다진 마늘, 진간장, 후추, 깨소금, 참기름으로 양념한다.

▲ 불린 쌀 반쯤 부수기

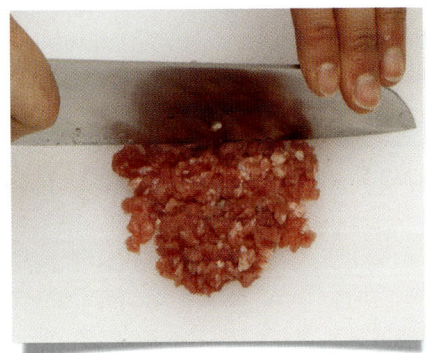

▲ 소고기 다지기

▲ 표고 채썰기

죽 끓이기

04 냄비에 참기름을 두르고 표고버섯, 소고기를 볶다가 부순 쌀을 넣고, 쌀알이 반투명해질 때까지 볶는다.

05 물 3C(쌀의 5~6배)을 조금씩 나누어 여러 번 붓는다.

06 쌀알이 충분히 퍼지면 물을 부어 죽의 농도를 조절하고, 국간장으로 색과 간을 맞추어 제출한다.

▲ 소고기와 표고버섯 볶기

▲ 쌀 볶기

▲ 물을 부어 농도 조절하기

팁 & 체크포인트

- 불린 쌀알을 2~3쪽으로 잘게 부수어야 죽 끓이는 시간을 단축할 수 있다.
- 소고기는 얇게 저민 후 옆으로 썰면 쉽게 다질 수 있다.
- 죽이 끓을 때마다 나무주걱으로 저으면서 죽 위의 거품은 떠낸다.
- 죽을 끓일 때는 쌀 양의 5~6배 정도의 물을 넣는다.
- 장국죽은 마지막에 간장을 넣고 색을 내야 죽이 삭지 않는다.

05 완자탕

국·탕조리

시험시간_ 30분

▶ **NCS**(국가직무능력표준) 과정의 주안점
- 찬물에 육수 재료를 넣고 끓이는 시간과 불의 강도를 조절할 수 있다.
- 조리에 사용하는 재료를 필요량에 맞게 계량하고 재료에 따라 요구되는 전처리를 수행할 수 있다.
- 국·탕은 국물과 건더기의 비율에 맞게 담아낼 수 있다.
- 국·탕의 품질을 판정하고 간을 맞출 수 있다.

요구사항

주어진 재료를 사용하여 다음과 같이 완자탕을 만드시오.

가. 완자는 지름 3cm 정도로 6개를 만들고, 국 국물의 양은 200mL 이상 제출하시오.
나. 달걀은 지단과 완자용으로 사용하시오.
다. 고명으로 황·백지단(마름모꼴)을 각 2개씩 띄우시오.

수험자 유의사항

1. 만드는 순서에 유의하며, 위생과 숙련된 기능평가를 위하여 조리작업 시 맛을 보지 않습니다.
2. 지정된 수험자지참준비물 이외의 조리기구나 재료를 시험장 내에 지참할 수 없습니다.
3. 지급재료는 시험 전 확인하여 이상이 있을 경우 시험위원으로부터 조치를 받고 시험 중에는 재료의 교환 및 추가지급은 하지 않습니다.
4. 요구사항 및 지급재료의 규격은 "정도"의 의미를 포함하며, 지급된 재료의 크기에 따라 가감하여 채점합니다.
5. 위생복, 위생모, 앞치마, 마스크를 착용하여야 하며, 시험장비·조리도구 취급 등 안전에 유의합니다.
6. 다음 사항은 실격에 해당하여 채점 대상에서 제외됩니다.
    가) 수험자 본인이 시험 도중 시험에 대한 포기 의사를 표현하는 경우
    나) 위생복, 위생모, 앞치마, 마스크를 착용하지 않은 경우
    다) 시험시간 내에 과제 두 가지를 제출하지 못한 경우
    라) 문제의 요구사항대로 과제의 수량이 만들어지지 않은 경우
    마) 완성품을 요구사항의 과제(요리)가 아닌 다른 요리(예, 달걀말이→달걀찜)로 만든 경우
    바) 불을 사용하여 만든 조리작품이 작품특성에 벗어나는 정도로 타거나 익지 않은 경우
    사) 해당과제의 지급재료 이외 재료를 사용하거나, 요구사항의 조리기구(석쇠 등)로 완성품을 조리하지 않은 경우
    아) 지정된 수험자지참준비물 이외의 조리기술에 영향을 줄 수 있는 기구를 사용한 경우
    자) 가스레인지 화구 2개 이상(2개 포함) 사용한 경우
    차) 시험 중 시설·장비(칼, 가스레인지 등) 사용 시 시험위원 및 타수험자의 시험 진행에 위해를 일으킬 것으로 시험위원 전원이 합의하여 판단한 경우
    카) 요구사항에 표시된 실격 및 부정행위에 해당하는 경우
7. 항목별 배점은 위생상태 및 안전관리 5점, 조리기술 30점, 작품의 평가 15점입니다.
8. 시험시작 전 가벼운 몸 풀기(스트레칭) 동작으로 긴장을 풀고 시험을 시작합니다.

지급 재료
- 소고기(살코기) 50g
- 소고기(사태부위) 20g
- 달걀 1개
- 대파 흰부분 1/2토막
- 밀가루(중력분) 10g
- 마늘 간 것 2쪽
- 식용유 20mL
- 소금 10g
- 검은후춧가루 2g
- 두부 15g
- 국간장 5mL
- 참기름 5mL
- 깨소금 5g
- 흰설탕 5g
- 키친타올(종이) 1장

〈육수 재료〉
- 물 2C
- 소고기(사태)
- 파 1/2
- 마늘 1쪽
- 국간장
- 소금

〈소고기·두부 양념〉
- 소금
- 설탕
- 다진 파
- 다진 마늘
- 참기름
- 후추
- 깨소금 약간

 RECIPE

재료확인 → 재료손질 → 육수 만들기 → 완자 양념하기 → 완자 빚기 → 황·백지단 굽기 → 완자 굽기 → 육수에 완자 끓이기 → 완성그릇에 담기 → 고명 얹기

육수 만들기
01 **소고기(사태)**는 찬물에 담가 핏물을 제거하고 **물 3C, 파, 마늘**과 같이 넣고 끓인 후 면보에 거른다.

▲ 육수 만들기

완자 양념하기
02 **소고기(살코기)**는 핏물 제거 후 곱게 다지고 **두부**는 물기를 짠 후 곱게 으깨어 고기와 함께 섞고 **다진 파, 다진 마늘, 소금, 설탕, 후추, 깨소금, 참기름**을 넣고 양념한다.

▲ 면보로 두부 물기 짜기

▲ 소고기, 두부 양념하기

완자 빚기
03 고기와 두부는 끈기가 생기도록 치대고 지름 3cm의 완자를 빚는다.

지단 굽기
04 달걀(2/3 양)은 흰자, 노른자를 분리해서 기름 두른 팬에 황·백지단을 구운 후 1.5×1.5cm 크기의 마름모꼴 모양으로 2장을 썬다.

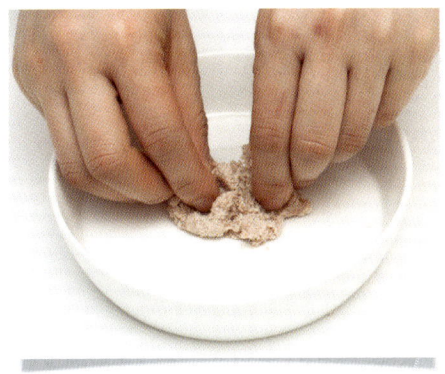
▲ 완자 치대기

▲ 지단 썰기

완자 굽기
05 완자에 밀가루→달걀물을 묻혀서 기름 두른 팬에 굴리면서 지진다.
06 육수를 끓여 국간장으로 색을 내고, 소금으로 간을 한 뒤 구운 완자를 넣고 살짝 익힌다.

▲ 완자 굽기

▲ 완자탕 끓이기

완성하기
07 완자를 담고 1C 분량(200mL)의 국물을 붓고 마름모꼴의 황·백지단을 올린다.

팁 & 체크포인트
- 고기는 육수용과 완자용 고기를 각각 사용하고, 달걀은 지단용과 완자용을 분리해서 사용한다.
- 완자를 구울 때 기름의 양을 적게 하고 구운 후 키친타올로 기름기를 제거한다.

찌개조리-1

06 두부젓국찌개

 시험시간_ 20분

▶ **NCS**(국가직무능력표준) 과정의 주안점

- 재료에 따라 요구되는 전처리를 수행할 수 있다.
- 조리종류에 따라 끓이는 시간과 불의 강도를 조절할 수 있다.
- 부재료와 양념을 적절한 시기와 분량에 맞춰 첨가할 수 있다.
- 조리특성에 맞게 건더기와 국물의 양을 조절할 수 있다.

요구사항

주어진 재료를 사용하여 다음과 같이 두부젓국찌개를 만드시오.

가. 두부는 2cm×3cm×1cm로 써시오.

나. 홍고추는 0.5cm×3cm, 실파는 3cm 길이로 써시오.

다. 소금과 다진 새우젓의 국물로 간하고, 국물을 맑게 만드시오.

라. 찌개의 국물은 200mL 이상 제출하시오.

수험자 유의사항

1. 만드는 순서에 유의하며, 위생과 숙련된 기능평가를 위하여 조리작업 시 맛을 보지 않습니다.
2. 지정된 수험자지참준비물 이외의 조리기구나 재료를 시험장 내에 지참할 수 없습니다.
3. 지급재료는 시험 전 확인하여 이상이 있을 경우 시험위원으로부터 조치를 받고 시험 중에는 재료의 교환 및 추가지급은 하지 않습니다.
4. 요구사항 및 지급재료의 규격은 "정도"의 의미를 포함하며, 지급된 재료의 크기에 따라 가감하여 채점합니다.
5. 위생복, 위생모, 앞치마, 마스크를 착용하여야 하며, 시험장비·조리도구 취급 등 안전에 유의합니다.
6. 다음 사항은 실격에 해당하여 채점 대상에서 제외됩니다.
    가) 수험자 본인이 시험 도중 시험에 대한 포기 의사를 표현하는 경우
    나) 위생복, 위생모, 앞치마, 마스크를 착용하지 않은 경우
    다) 시험시간 내에 과제 두 가지를 제출하지 못한 경우
    라) 문제의 요구사항대로 과제의 수량이 만들어지지 않은 경우
    마) 완성품을 요구사항의 과제(요리)가 아닌 다른 요리(예, 달걀말이→달걀찜)로 만든 경우
    바) 불을 사용하여 만든 조리작품이 작품특성에 벗어나는 정도로 타거나 익지 않은 경우
    사) 해당과제의 지급재료 이외 재료를 사용하거나, 요구사항의 조리기구(석쇠 등)로 완성품을 조리하지 않은 경우
    아) 지정된 수험자지참준비물 이외의 조리기술에 영향을 줄 수 있는 기구를 사용한 경우
    자) 가스레인지 화구 2개 이상(2개 포함) 사용한 경우
    차) 시험 중 시설·장비(칼, 가스레인지 등) 사용 시 시험위원 및 타수험자의 시험 진행에 위해를 일으킬 것으로 시험위원 전원이 합의하여 판단한 경우
    카) 요구사항에 표시된 실격 및 부정행위에 해당하는 경우
7. 항목별 배점은 위생상태 및 안전관리 5점, 조리기술 30점, 작품의 평가 15점입니다.
8. 시험시작 전 가벼운 몸 풀기(스트레칭) 동작으로 긴장을 풀고 시험을 시작합니다.

지급 재료

- 두부 100g
- 생굴 30g
- 실파(1뿌리) 20g
- 홍고추(생) 1/2개
- 새우젓 10g
- 마늘 간 것 1쪽
- 참기름 5mL
- 소금 5g

RECIPE

재료확인 → 재료손질 → 끓는 물 준비 → 새우젓국, 소금 간하기 → 끓이기 → 재료 넣기 → 완성그릇에 담기

재료손질

01 굴은 연한 소금물에 씻는다.

02 두부는 2×3×1cm로 썰어 물에 헹군 뒤 물기를 제거한다.

03 홍고추는 씨와 속을 빼낸 뒤 0.5×3cm로 썰고, 실파는 3cm 길이로 썬다.

▲ 두부 썰기

▲ 실파 썰기

▲ 홍고추 썰기

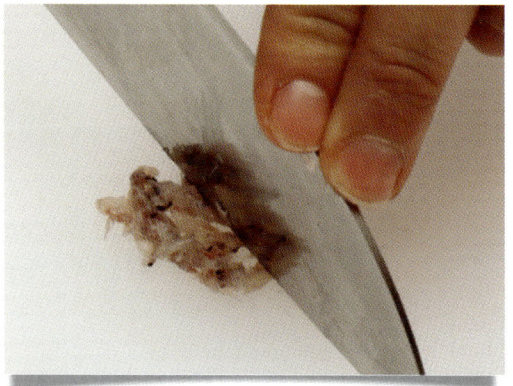
▲ 새우젓 다지기

간하고 끓이기

04 **마늘**은 다지고, **새우젓**도 다져서 **면보**에 짠 후 국물만 이용한다.

05 냄비에 **물 1.5C**을 붓고, **다진 새우젓의 국물과 소금**으로 간을 한다.

06 국물이 끓으면 **두부, 굴, 다진 마늘, 홍고추**를 넣고 잠시 끓이다 불을 끈다.

07 **실파, 참기름**을 넣고 완성 그릇에 담아 제출한다(국물 200mL).

▲ 끓는 물에 두부 넣기

▲ 재료 넣고 끓이기

팁 & 체크포인트

- 국물과 건더기의 양은 1 : 2의 비율로 담는다(국물은 200mL).
- 두부젓국찌개는 오래 끓일수록 굴과 두부가 부서져서 국물이 탁해진다.

찌개조리-2

07 생선찌개

 시험시간_ 30분

▶ **NCS**(국가직무능력표준) 과정의 주안점
- 재료에 따라 요구되는 전처리를 수행할 수 있다.
- 찌개육수에 재료와 양념의 첨가 시점을 조절하여 넣고 끓일 수 있다.
- 끓이는 중 부유물과 기름이 떠오르면 걷어내어 제거할 수 있다.
- 조리 종류에 따라 끓이는 시간과 불의 강도를 조절할 수 있다.

요구사항

주어진 재료를 사용하여 다음과 같이 생선찌개를 만드시오.

가. 생선은 4~5cm 정도의 토막으로 자르시오.

나. 무, 두부는 2.5cm×3.5cm×0.8cm로 써시오.

다. 호박은 0.5cm 반달형, 고추는 통 어슷썰기, 쑥갓과 파는 4cm로 써시오.

라. 고추장, 고춧가루를 사용하여 만드시오.

마. 각 재료는 익는 순서에 따라 조리하고, 생선살이 부서지지 않도록 하시오.

바. 생선머리를 포함하여 전량 제출하시오.

수험자 유의사항

1. 만드는 순서에 유의하며, 위생과 숙련된 기능평가를 위하여 조리작업 시 맛을 보지 않습니다.
2. 지정된 수험자지참준비물 이외의 조리기구나 재료를 시험장 내에 지참할 수 없습니다.
3. 지급재료는 시험 전 확인하여 이상이 있을 경우 시험위원으로부터 조치를 받고 시험 중에는 재료의 교환 및 추가지급은 하지 않습니다.
4. 요구사항 및 지급재료의 규격은 "정도"의 의미를 포함하며, 지급된 재료의 크기에 따라 가감하여 채점합니다.
5. 위생복, 위생모, 앞치마, 마스크를 착용하여야 하며, 시험장비·조리도구 취급 등 안전에 유의합니다.
6. 다음 사항은 실격에 해당하여 채점 대상에서 제외됩니다.
    가) 수험자 본인이 시험 도중 시험에 대한 포기 의사를 표현하는 경우
    나) 위생복, 위생모, 앞치마, 마스크를 착용하지 않은 경우
    다) 시험시간 내에 과제 두 가지를 제출하지 못한 경우
    라) 문제의 요구사항대로 과제의 수량이 만들어지지 않은 경우
    마) 완성품을 요구사항의 과제(요리)가 아닌 다른 요리(예, 달걀말이→달걀찜)로 만든 경우
    바) 불을 사용하여 만든 조리작품이 작품특성에 벗어나는 정도로 타거나 익지 않은 경우
    사) 해당과제의 지급재료 이외 재료를 사용하거나, 요구사항의 조리기구(석쇠 등)로 완성품을 조리하지 않은 경우
    아) 지정된 수험자지참준비물 이외의 조리기술에 영향을 줄 수 있는 기구를 사용한 경우
    자) 가스레인지 화구 2개 이상(2개 포함) 사용한 경우
    차) 시험 중 시설·장비(칼, 가스레인지 등) 사용 시 시험위원 및 타수험자의 시험 진행에 위해를 일으킬 것으로 시험위원 전원이 합의하여 판단한 경우
    카) 요구사항에 표시된 실격 및 부정행위에 해당하는 경우
7. 항목별 배점은 위생상태 및 안전관리 5점, 조리기술 30점, 작품의 평가 15점입니다.
8. 시험시작 전 가벼운 몸 풀기(스트레칭) 동작으로 긴장을 풀고 시험을 시작합니다.

지급 재료
- 동태 1마리(300g 정도)
- 무 60g
- 애호박 30g
- 두부 60g
- 풋고추 1개
- 홍고추(생) 1개
- 쑥갓 10g
- 마늘 간 것 2쪽
- 생강 10g
- 실파(2뿌리) 40g
- 고추장 30g
- 소금 10g
- 고춧가루 10g

RECIPE

재료확인 → 생선손질 → 끓는 물 준비 → 고추장, 소금 간하기 → 재료손질 → 무 넣고 끓이기 → 재료 넣기 → 실파, 쑥갓 넣기 → 완성그릇에 담기

재료 손질하기

01 무, 두부는 2.5×3.5×0.8cm로 썰고, 호박은 0.5cm 두께의 반달모양으로 썬다.

02 풋고추, 홍고추는 어슷썰어 씨를 털고 실파와 쑥갓은 4cm 길이로 썬다.

03 마늘, 생강은 다진다.

04 생선은 비늘을 긁고 지느러미를 뗀 후 4~5cm 길이로 토막을 내고 내장을 분리한다.

▲ 무 썰기

▲ 애호박 반달썰기

▲ 홍고추 어슷썰기

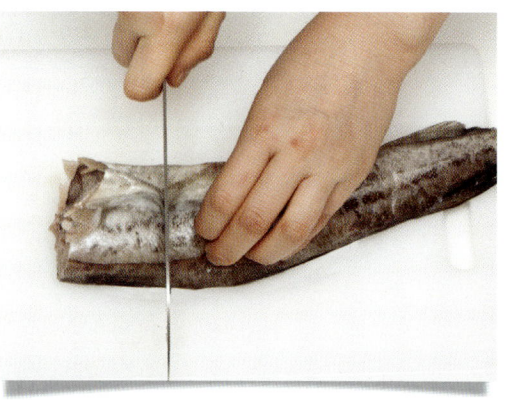

▲ 생선 손질하기

끓이기

05 냄비에 물 3C을 넣고 고추장을 풀고 무를 넣는다. 무가 반쯤 익으면 생선, 고춧가루를 넣고 끓이다 호박, 두부, 홍고추, 생강, 마늘 순으로 넣고 소금으로 간을 한다.

완성하기

06 찌개의 거품을 걷어내며 끓이다가 청고추, 실파, 쑥갓을 넣고 불을 끈다. 국물과 건더기는 2:3의 비율로 담는다.

▲ 생선 넣기

▲ 재료 넣기

팁 & 체크포인트

- 고추장을 넣고 끓이는 찌개는 오래 끓일수록 맛도 텁텁하고 생선살이 부서져서 국물도 지저분해지기 때문에 생선이 익을 때 까지만 끓이고, 국물에 떠오르는 거품을 걷어내면서 끓인다.
- 물에 고추장을 풀고 무, 생선-채소-두부, 푸른 채소 순으로 넣고 생선찌개를 끓인다.

전·적조리-1

08 생선전

시험시간_ 25분

▶ **NCS**(국가직무능력표준) 과정의 주안점
- 전·적의 조리종류에 따라 도구와 재료를 준비할 수 있다.
- 전·적의 종류에 따라 재료를 전처리하여 준비할 수 있다.
- 밀가루, 달걀 등의 재료를 섞어 반죽 물 농도를 맞출 수 있다.
- 재료와 조리 방법에 따라 기름의 종류, 양과 온도를 조절하여 지져낼 수 있다.

요구사항

주어진 재료를 사용하여 다음과 같이 생선전을 만드시오.

가. 생선은 세장 뜨기하여 껍질을 벗겨 포를 뜨시오.
나. 생선전은 0.5cm×5cm×4cm로 만드시오.
나. 달걀은 흰자, 노른자를 혼합하여 사용하시오.
다. 생선전은 8개 제출하시오.

수험자 유의사항

1. 만드는 순서에 유의하며, 위생과 숙련된 기능평가를 위하여 조리작업 시 맛을 보지 않습니다.
2. 지정된 수험자지참준비물 이외의 조리기구나 재료를 시험장 내에 지참할 수 없습니다.
3. 지급재료는 시험 전 확인하여 이상이 있을 경우 시험위원으로부터 조치를 받고 시험 중에는 재료의 교환 및 추가지급은 하지 않습니다.
4. 요구사항 및 지급재료의 규격은 "정도"의 의미를 포함하며, 지급된 재료의 크기에 따라 가감하여 채점합니다.
5. 위생복, 위생모, 앞치마, 마스크를 착용하여야 하며, 시험장비·조리도구 취급 등 안전에 유의합니다.
6. 다음 사항은 실격에 해당하여 채점 대상에서 제외됩니다.
    가) 수험자 본인이 시험 도중 시험에 대한 포기 의사를 표현하는 경우
    나) 위생복, 위생모, 앞치마, 마스크를 착용하지 않은 경우
    다) 시험시간 내에 과제 두 가지를 제출하지 못한 경우
    라) 문제의 요구사항대로 과제의 수량이 만들어지지 않은 경우
    마) 완성품을 요구사항의 과제(요리)가 아닌 다른 요리(예, 달걀말이→달걀찜)로 만든 경우
    바) 불을 사용하여 만든 조리작품이 작품특성에 벗어나는 정도로 타거나 익지 않은 경우
    사) 해당과제의 지급재료 이외 재료를 사용하거나, 요구사항의 조리기구(석쇠 등)로 완성품을 조리하지 않은 경우
    아) 지정된 수험자지참준비물 이외의 조리기술에 영향을 줄 수 있는 기구를 사용한 경우
    자) 가스레인지 화구 2개 이상(2개 포함) 사용한 경우
    차) 시험 중 시설·장비(칼, 가스레인지 등) 사용 시 시험위원 및 타수험자의 시험 진행에 위해를 일으킬 것으로 시험위원 전원이 합의하여 판단한 경우
    카) 요구사항에 표시된 실격 및 부정행위에 해당하는 경우
7. 항목별 배점은 위생상태 및 안전관리 5점, 조리기술 30점, 작품의 평가 15점입니다.
8. 시험시작 전 가벼운 몸 풀기(스트레칭) 동작으로 긴장을 풀고 시험을 시작합니다.

지급 재료
- 동태 1마리(400g 정도)
- 밀가루(중력분) 30g
- 달걀 1개
- 소금 10g
- 흰 후춧가루 2g
- 식용유 50mL

RECIPE

재료확인 → 재료손질 → 생선 포 뜨기 → 소금, 후추 간하기 → 밀가루 묻히기 → 달걀물 씌우기 → 지지기 → 완성그릇에 담기

재료 손질하기
01 **생선**은 지느러미, 머리, 내장을 제거하고 3장 뜨기를 한 후 껍질을 벗긴다.

생선 포뜨기
02 **생선살**은 두께 0.4cm, 가로 5.5cm, 세로 4.5cm 크기로 어슷하게 포를 떠서 **소금, 흰 후추**를 뿌려 밑간한다.

▲ 생선 껍질 벗기기

▲ 생선 어슷하게 포 뜨기

▲ 밑간하기

완성하기

03 면보를 이용하여 생선의 **물기를 제거**한다.

04 **밀가루**를 묻히고 **달걀물**을 씌워서 **기름 두른 팬에 약불**로 지져낸다.

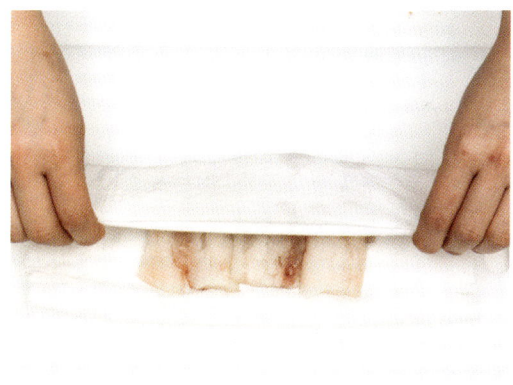

▲ 생선 물기 제거하기

▲ 달걀물 입히기

▲ 팬에 지지기

팁 & 체크포인트

- 생선살의 물기를 제거하고 밀가루를 묻혀야 지져 낸 후에도 밀가루 옷이 잘 벗겨지지 않는다.
- 생선의 꼬리 쪽은 구운 후 수축이 많이 되므로 조금 크게 포를 뜬다.
- 완성 접시에 담을 때 뼈 쪽에 붙어있던 살을 위쪽으로 해서 담는다.

전·적조리-2

09 육원전

시험시간_ 20분

▶ **NCS**(국가직무능력표준) 과정의 주안점

- 전·적의 종류에 따라 재료를 전처리하여 준비할 수 있다.
- 밀가루, 달걀 등의 재료를 섞어 반죽 물 농도를 맞출 수 있다.
- 재료와 조리 방법에 따라 기름의 종류, 양과 온도를 조절하여 지져낼 수 있다.
- 전·적의 조리는 기름을 제거하여 담아낼 수 있다.

요구사항

주어진 재료를 사용하여 다음과 같이 육원전을 만드시오.

가. 육원전은 지름이 4cm, 두께 0.7cm 정도가 되도록 하시오.
나. 달걀은 흰자, 노른자를 혼합하여 사용하시오.
나. 육원전은 6개를 제출하시오.

수험자 유의사항

1. 만드는 순서에 유의하며, 위생과 숙련된 기능평가를 위하여 조리작업 시 맛을 보지 않습니다.
2. 지정된 수험자지참준비물 이외의 조리기구나 재료를 시험장 내에 지참할 수 없습니다.
3. 지급재료는 시험 전 확인하여 이상이 있을 경우 시험위원으로부터 조치를 받고 시험 중에는 재료의 교환 및 추가지급은 하지 않습니다.
4. 요구사항 및 지급재료의 규격은 "정도"의 의미를 포함하며, 지급된 재료의 크기에 따라 가감하여 채점합니다.
5. 위생복, 위생모, 앞치마, 마스크를 착용하여야 하며, 시험장비·조리도구 취급 등 안전에 유의합니다.
6. 다음 사항은 실격에 해당하여 채점 대상에서 제외됩니다.
    가) 수험자 본인이 시험 도중 시험에 대한 포기 의사를 표현하는 경우
    나) 위생복, 위생모, 앞치마, 마스크를 착용하지 않은 경우
    다) 시험시간 내에 과제 두 가지를 제출하지 못한 경우
    라) 문제의 요구사항대로 과제의 수량이 만들어지지 않은 경우
    마) 완성품을 요구사항의 과제(요리)가 아닌 다른 요리(예, 달걀말이→달걀찜)로 만든 경우
    바) 불을 사용하여 만든 조리작품이 작품특성에 벗어나는 정도로 타거나 익지 않은 경우
    사) 해당과제의 지급재료 이외 재료를 사용하거나, 요구사항의 조리기구(석쇠 등)로 완성품을 조리하지 않은 경우
    아) 지정된 수험자지참준비물 이외의 조리기술에 영향을 줄 수 있는 기구를 사용한 경우
    자) 가스레인지 화구 2개 이상(2개 포함) 사용한 경우
    차) 시험 중 시설·장비(칼, 가스레인지 등) 사용 시 시험위원 및 타수험자의 시험 진행에 위해를 일으킬 것으로 시험위원 전원이 합의하여 판단한 경우
    카) 요구사항에 표시된 실격 및 부정행위에 해당하는 경우
7. 항목별 배점은 위생상태 및 안전관리 5점, 조리기술 30점, 작품의 평가 15점입니다.
8. 시험시작 전 가벼운 몸 풀기(스트레칭) 동작으로 긴장을 풀고 시험을 시작합니다.

지급 재료
- 소고기(살코기) 70g
- 두부 30g
- 밀가루(중력분) 20g
- 달걀 1개
- 대파 흰부분 1토막
- 검은후춧가루 2g
- 참기름 5mL
- 소금 5g
- 마늘 간 것 1쪽
- 식용유 30mL
- 깨소금 5g
- 흰설탕 5g

〈소고기·두부 양념〉
- 소금
- 흰설탕
- 다진 파
- 다진 마늘
- 참기름
- 깨소금
- 후추 약간

RECIPE

재료확인 → 재료손질 → 완자 반죽 만들기 → 완자 빚기 → 밀가루 묻히기 → 달걀물 씌우기 → 지지기 → 완성그릇에 담기

재료 손질하기
01 소고기는 핏물을 제거한 후 곱게 다지고, 두부는 물기를 제거한 뒤 칼등으로 곱게 으깬다.

완자 반죽 만들기
02 곱게 다진 소고기와 으깬 두부를 다진 파, 다진 마늘, 소금, 참기름, 후추, 깨소금, 설탕으로 양념한 후 충분히 치댄다.

▲ 소고기 다지기

▲ 두부 으깨기

▲ 완자 반죽 만들기

완자 빚기

03 반죽을 지름 4.5cm, 두께 0.5cm 정도의 크기로 6개 이상 빚는다.

완성하기

04 빚은 완자에 밀가루를 묻히고 달걀물을 씌워서 기름 두른 팬에 약불로 지져낸다.

▲ 완자 빚기

▲ 밀가루 묻히기

▲ 팬에 지지기

팁 & 체크포인트

- 육원전을 팬에서 지지면 크기는 작아지고 두께는 두꺼워지므로, 빚을 때 직경은 약간 크게, 두께는 조금 얇게 빚는다.
- 전은 기름의 양을 많이 하지 않고, 약불에서 은근히 지져내야 모양이 예쁘다.
- 지진 후 뜨거운 상태의 전을 겹쳐두게 되면 전의 달걀옷이 벗겨질 수 있으므로 주의한다.

전·적조리-3

10 표고전

 시험시간_ 20분

▶ **NCS**(국가직무능력표준) 과정의 주안점
- 전·적의 종류에 따라 재료를 전처리하여 준비할 수 있다.
- 조리의 종류에 따라 속 재료 및 혼합재료 등을 만들 수 있다.
- 주재료에 따라 소를 채우거나 꼬치를 활용하여 전·적의 형태를 만들 수 있다.
- 재료와 조리 방법에 따라 기름의 종류, 양과 온도를 조절하여 지져낼 수 있다.

요구사항

주어진 재료를 사용하여 다음과 같이 표고전을 만드시오.

가. 표고버섯과 속은 각각 양념하여 사용하시오.
나. 표고전은 5개를 제출하시오.

수험자 유의사항

1. 만드는 순서에 유의하며, 위생과 숙련된 기능평가를 위하여 조리작업 시 맛을 보지 않습니다.
2. 지정된 수험자지참준비물 이외의 조리기구나 재료를 시험장 내에 지참할 수 없습니다.
3. 지급재료는 시험 전 확인하여 이상이 있을 경우 시험위원으로부터 조치를 받고 시험 중에는 재료의 교환 및 추가지급은 하지 않습니다.
4. 요구사항 및 지급재료의 규격은 "정도"의 의미를 포함하며, 지급된 재료의 크기에 따라 가감하여 채점합니다.
5. 위생복, 위생모, 앞치마, 마스크를 착용하여야 하며, 시험장비·조리도구 취급 등 안전에 유의합니다.
6. 다음 사항은 실격에 해당하여 채점 대상에서 제외됩니다.
    가) 수험자 본인이 시험 도중 시험에 대한 포기 의사를 표현하는 경우
    나) 위생복, 위생모, 앞치마, 마스크를 착용하지 않은 경우
    다) 시험시간 내에 과제 두 가지를 제출하지 못한 경우
    라) 문제의 요구사항대로 과제의 수량이 만들어지지 않은 경우
    마) 완성품을 요구사항의 과제(요리)가 아닌 다른 요리(예, 달걀말이→달걀찜)로 만든 경우
    바) 불을 사용하여 만든 조리작품이 작품특성에 벗어나는 정도로 타거나 익지 않은 경우
    사) 해당과제의 지급재료 이외 재료를 사용하거나, 요구사항의 조리기구(석쇠 등)로 완성품을 조리하지 않은 경우
    아) 지정된 수험자지참준비물 이외의 조리기술에 영향을 줄 수 있는 기구를 사용한 경우
    자) 가스레인지 화구 2개 이상(2개 포함) 사용한 경우
    차) 시험 중 시설·장비(칼, 가스레인지 등) 사용 시 시험위원 및 타수험자의 시험 진행에 위해를 일으킬 것으로 시험위원 전원이 합의하여 판단한 경우
    카) 요구사항에 표시된 실격 및 부정행위에 해당하는 경우
7. 항목별 배점은 위생상태 및 안전관리 5점, 조리기술 30점, 작품의 평가 15점입니다.
8. 시험시작 전 가벼운 몸 풀기(스트레칭) 동작으로 긴장을 풀고 시험을 시작합니다.

지급 재료

- 불린 표고버섯 5개
- 소고기(살코기) 30g
- 두부 15g
- 밀가루(중력분) 20g
- 달걀 1개
- 대파 흰부분 1토막
- 검은후춧가루 1g
- 참기름 5mL
- 소금 5g
- 깨소금 5g
- 마늘 간 것 1쪽
- 식용유 20mL
- 진간장 5mL
- 흰설탕 5g

〈소고기·두부 양념〉
- 소금 1/3t
- 흰설탕 1/3t
- 다진 파 약간
- 다진 마늘 약간
- 참기름 약간
- 깨소금 약간
- 후추 약간

〈표고버섯 양념〉
- 진간장 약간
- 흰설탕 약간
- 참기름 약간

 RECIPE

재료확인 → 재료손질 → 소 양념하기 → 표고버섯 양념하기 → 소 넣기 → 밀가루 묻히기 → 달걀물 씌우기 → 지지기 → 완성그릇에 담기

재료 손질하기

01 **소고기**는 핏물을 제거한 후 곱게 다지고, **두부**는 물기를 제거하여 곱게 으깬다.

02 다진 소고기와 으깬 두부는 **다진 파, 다진 마늘, 소금, 설탕, 깨소금, 후추, 참기름**으로 양념한다.

03 **표고버섯**은 기둥을 자르고 **간장, 설탕, 참기름**으로 양념한다.

▲ 소 반죽 양념하기

▲ 표고버섯 기둥 제거하기

▲ 표고버섯 양념하기

표고버섯 소 넣기
04 표고버섯의 안쪽에 밀가루를 묻히고 다진 소를 넣고 눌러가며 편편하게 만든다.

팬에 지지기
05 소가 들어간 쪽에 밀가루를 묻히고 달걀물을 묻혀서 기름 두른 팬에 약불로 지진다.
06 표고버섯 안쪽을 다 익힌 후, 마지막에 윤기나도록 등쪽도 살짝 굽는다.

▲ 소 넣기

▲ 밀가루, 달걀물 묻히기

▲ 팬에 지지기

팁 & 체크포인트
- 달걀물을 묻힐 때 노른자의 양을 많이 하면 색이 예쁘고, 표고버섯의 등쪽에 달걀물이 묻으면 표고전이 지저분해 진다.
- 소고기와 두부를 다질 때 물기를 충분히 제거해 주지 않으면 팬에서 지질 때 물이 나와 표고전의 소가 떨어질 수 있다.

전·적조리-4

11 섭산적

 시험시간_ 30분

▶ **NCS**(국가직무능력표준) 과정의 주안점

- 전·적의 조리종류에 따라 도구와 재료를 준비할 수 있다.
- 전·적의 종류에 따라 재료를 전처리하여 준비할 수 있다.
- 조리의 종류에 따라 속 재료 및 혼합재료 등을 만들 수 있다.
- 주재료에 따라 소를 채우거나 꼬치를 활용하여 전·적의 형태를 만들 수 있다.

요구사항

주어진 재료를 사용하여 다음과 같이 섭산적을 만드시오.

가. 고기와 두부의 비율을 3:1 정도로 하시오.

나. 다져서 양념한 소고기는 크게 반대기를 지어 석쇠에 구우시오.

다. 완성된 섭산적은 0.7cm×2cm×2cm로 9개 이상 제출하시오.

라. 잣가루를 고명으로 얹으시오.

수험자 유의사항

1. 만드는 순서에 유의하며, 위생과 숙련된 기능평가를 위하여 조리작업 시 맛을 보지 않습니다.
2. 지정된 수험자지참준비물 이외의 조리기구나 재료를 시험장 내에 지참할 수 없습니다.
3. 지급재료는 시험 전 확인하여 이상이 있을 경우 시험위원으로부터 조치를 받고 시험 중에는 재료의 교환 및 추가지급은 하지 않습니다.
4. 요구사항 및 지급재료의 규격은 "정도"의 의미를 포함하며, 지급된 재료의 크기에 따라 가감하여 채점합니다.
5. 위생복, 위생모, 앞치마, 마스크를 착용하여야 하며, 시험장비·조리도구 취급 등 안전에 유의합니다.
6. 다음 사항은 실격에 해당하여 채점 대상에서 제외됩니다.
    가) 수험자 본인이 시험 도중 시험에 대한 포기 의사를 표현하는 경우
    나) 위생복, 위생모, 앞치마, 마스크를 착용하지 않은 경우
    다) 시험시간 내에 과제 두 가지를 제출하지 못한 경우
    라) 문제의 요구사항대로 과제의 수량이 만들어지지 않은 경우
    마) 완성품을 요구사항의 과제(요리)가 아닌 다른 요리(예, 달걀말이→달걀찜)로 만든 경우
    바) 불을 사용하여 만든 조리작품이 작품특성에 벗어나는 정도로 타거나 익지 않은 경우
    사) 해당과제의 지급재료 이외 재료를 사용하거나, 요구사항의 조리기구(석쇠 등)로 완성품을 조리하지 않은 경우
    아) 지정된 수험자지참준비물 이외의 조리기술에 영향을 줄 수 있는 기구를 사용한 경우
    자) 가스레인지 화구 2개 이상(2개 포함) 사용한 경우
    차) 시험 중 시설·장비(칼, 가스레인지 등) 사용 시 시험위원 및 타수험자의 시험 진행에 위해를 일으킬 것으로 시험위원 전원이 합의하여 판단한 경우
    카) 요구사항에 표시된 실격 및 부정행위에 해당하는 경우
7. 항목별 배점은 위생상태 및 안전관리 5점, 조리기술 30점, 작품의 평가 15점입니다.
8. 시험시작 전 가벼운 몸 풀기(스트레칭) 동작으로 긴장을 풀고 시험을 시작합니다.

지급 재료
- 소고기(살코기) 80g
- 두부 30g
- 대파 흰부분 1토막
- 마늘 깐 것 1쪽
- 소금 5g
- 흰설탕 10g
- 깨소금 5g
- 참기름 5mL
- 검은후춧가루 2g
- 잣 10개
- 식용유 30mL

〈소고기·두부 양념〉
- 소금 1/2t
- 흰설탕 1t
- 다진 파 약간
- 다진 마늘 약간
- 참기름 약간
- 깨소금 약간
- 후추 약간

 RECIPE

재료확인 → 재료손질 → 고기 덩어리 양념하기 → 모양 만들기 → 칼집 넣기 → 석쇠에 굽기 → 식힌 후 썰기 → 잣가루 만들기 → 완성그릇에 담기 → 잣가루 뿌리기

재료 손질하기

01 소고기는 핏물과 기름기를 제거한 후 곱게 다지고, 두부는 면보에 물기를 짠 후 곱게 으깬다.

02 고기와 두부의 비율을 3:1이 되게 고루 섞은 후 다진 파, 다진 마늘, 소금, 설탕, 후추, 깨소금, 참기름을 넣고 끈기가 나도록 충분히 치대준다.

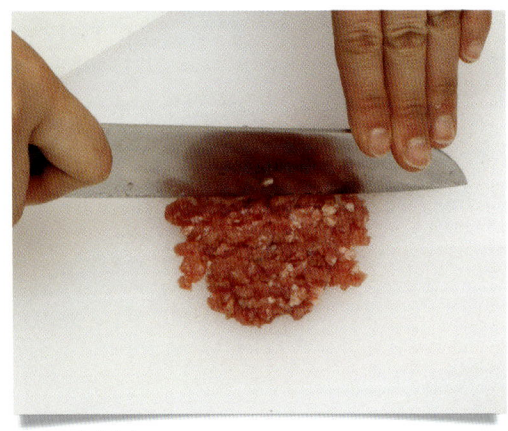

▲ 소고기 다지기

▲ 두부 으깨기

▲ 재료넣고 치대주기

모양 만들기

03 비닐 속에 양념한 고기를 넣고 가로 8cm, 세로 8cm, 두께 0.6cm가 되도록 네모지게 만들고 가로·세로로 잔 칼집을 곱게 넣는다.

▲ 모양을 만든 후 가로, 세로 잔 칼집 넣기

석쇠에 굽기

04 석쇠에 기름을 바르고 달군 다음, 고기를 올린 후 타지 않게 구워서 식힌다.

잣가루 내기

05 잣은 고깔을 떼고 곱게 다진다.

완성하기

06 식힌 섭산적을 2cm×2cm 크기로 썬 후, 잣가루를 고명으로 얹어 제출한다.

▲ 석쇠에 굽기

▲ 잣가루 만들기

팁 & 체크포인트

- 소고기와 두부는 물기를 꼭 짠 후, 곱게 다지고 끈기있게 치대어야 표면이 매끄럽고 갈라지지 않는다.
- 섭산적은 빚을 때 가운데를 오목하게 해야 고기가 구워지면서 수축되어 가운데가 올라와 전체적으로 편편해진다.
- 모양을 만들 때 도마에 식용유를 바르고 네모지게 만들기도 한다.
- 구운 섭산적은 식은 후에 썰어야 부서지지 않는다.

전·적조리-5

12 화양적

 시험시간_ 35분

▶ **NCS**(국가직무능력표준) 과정의 주안점
- 전·적의 종류에 따라 재료를 전처리하여 준비할 수 있다.
- 주재료에 따라 소를 채우거나 꼬치를 활용하여 전·적의 형태를 만들 수 있다.
- 재료와 조리 방법에 따라 기름의 종류, 양과 온도를 조절하여 지져낼 수 있다.
- 전·적의 조리는 기름을 제거하여 담아낼 수 있다.

요구사항

주어진 재료를 사용하여 다음과 같이 화양적을 만드시오.

가. 화양적은 0.6cm×6cm×6cm로 만드시오.

나. 달걀노른자로 지단을 만들어 사용하시오.
   (단, 달걀흰자 지단을 사용하는 경우 실격으로 처리됩니다.)

다. 화양적은 2꼬치를 만들고 잣가루를 고명으로 얹으시오.

수험자 유의사항

1. 만드는 순서에 유의하며, 위생과 숙련된 기능평가를 위하여 조리작업 시 맛을 보지 않습니다.
2. 지정된 수험자지참준비물 이외의 조리기구나 재료를 시험장 내에 지참할 수 없습니다.
3. 지급재료는 시험 전 확인하여 이상이 있을 경우 시험위원으로부터 조치를 받고 시험 중에는 재료의 교환 및 추가지급은 하지 않습니다.
4. 요구사항 및 지급재료의 규격은 "정도"의 의미를 포함하며, 지급된 재료의 크기에 따라 가감하여 채점합니다.
5. 위생복, 위생모, 앞치마, 마스크를 착용하여야 하며, 시험장비·조리도구 취급 등 안전에 유의합니다.
6. 다음 사항은 실격에 해당하여 채점 대상에서 제외됩니다.
   가) 수험자 본인이 시험 도중 시험에 대한 포기 의사를 표현하는 경우
   나) 위생복, 위생모, 앞치마, 마스크를 착용하지 않은 경우
   다) 시험시간 내에 과제 두 가지를 제출하지 못한 경우
   라) 문제의 요구사항대로 과제의 수량이 만들어지지 않은 경우
   마) 완성품을 요구사항의 과제(요리)가 아닌 다른 요리(예, 달걀말이→달걀찜)로 만든 경우
   바) 불을 사용하여 만든 조리작품이 작품특성에 벗어나는 정도로 타거나 익지 않은 경우
   사) 해당과제의 지급재료 이외 재료를 사용하거나, 요구사항의 조리기구(석쇠 등)로 완성품을 조리하지 않은 경우
   아) 지정된 수험자지참준비물 이외의 조리기술에 영향을 줄 수 있는 기구를 사용한 경우
   자) 가스레인지 화구 2개 이상(2개 포함) 사용한 경우
   차) 시험 중 시설·장비(칼, 가스레인지 등) 사용 시 시험위원 및 타수험자의 시험 진행에 위해를 일으킬 것으로 시험위원 전원이 합의하여 판단한 경우
   카) 요구사항에 표시된 실격 및 부정행위에 해당하는 경우
7. 항목별 배점은 위생상태 및 안전관리 5점, 조리기술 30점, 작품의 평가 15점입니다.
8. 시험시작 전 가벼운 몸 풀기(스트레칭) 동작으로 긴장을 풀고 시험을 시작합니다.

지급 재료

- 소고기(살코기) 50g
- 불린 표고버섯 1개
- 당근 50g
- 오이 1/2개
- 통도라지 1개
- 산적꼬치 2개
- 진간장 5mL
- 대파 흰부분 1토막
- 마늘 깐 것 1쪽
- 소금 5g
- 흰설탕 5g
- 깨소금 5g
- 참기름 5mL
- 검은후춧가루 2g
- 잣 10개
- 달걀 2개
- 식용유 30mL

〈소고기·표고버섯 양념〉
- 진간장 1t
- 흰설탕 1/2t
- 다진 파
- 다진 마늘,
- 참기름,
- 깨소금
- 후추 약간씩

RECIPE

재료확인 → 재료손질 → 끓는 물 준비 → 재료 데치기 → 재료 양념하기 → 재료 볶기 → 산적꼬치에 끼우기 → 잣가루 만들기 → 완성그릇에 담기 → 잣가루 뿌리기

재료 손질하기

01 껍질을 벗기고 소금물에 담가 쓴맛을 제거한 도라지와 당근은 0.6×1×6cm 크기로 썰어서 끓는 물에 소금을 넣고 데친다.

양념하기

02 오이는 씨 부분을 제거한 후 0.6×1×6cm 크기로 썰어 소금으로 간을 한다. 표고버섯은 폭 1cm, 길이 6cm로 썰고, 소고기는 0.4×1.2×8cm 로 썰어서 잔 칼집을 준 후 양념한다.

▲ 재료 썰기

▲ 도라지, 당근 데치기

▲ 오이 소금 간하기

재료 볶기

03 기름을 두른 팬에 달걀 노른자로 황색지단을 구워 0.6×1×6cm 크기로 자르고, 오이를 볶은 후 도라지, 당근-표고버섯, 소고기 순으로 볶는다.

꼬치에 꿰기

04 산적꼬치에 색을 맞춰 끼우고 꼬치의 양 끝이 1cm가 남도록 꼬치를 자르고 고깔을 뗀 잣을 다져서 화양적 위에 고명으로 뿌려 제출한다.

▲ 황색 지단 만들기

▲ 꼬치에 끼우기

▲ 잣가루 만들기

팁 & 체크포인트

- 기름 두른 팬에 깨끗하고 밝은 색의 재료들부터 먼저 볶는다.
- 고기는 익으면 길이가 많이 짧아지므로 다른 재료보다 길이를 길게 자르고 잔 칼집을 많이 준다.
- 산적꼬치를 최대한 가늘게 만들어서 재료들을 끼우면 재료들이 쉽게 떨어지지 않는다.

전·적조리-6

13 지짐누름적

시험시간_ 35분

▶ **NCS**(국가직무능력표준) 과정의 주안점
- 전·적의 종류에 따라 재료를 전처리하여 준비할 수 있다.
- 주재료에 따라 소를 채우거나 꼬치를 활용하여 전·적의 형태를 만들 수 있다.
- 재료와 조리 방법에 따라 기름의 종류, 양과 온도를 조절하여 지져낼 수 있다.
- 전·적의 조리는 기름을 제거하여 담아낼 수 있다.

요구사항

주어진 재료를 사용하여 다음과 같이 지짐누름적을 만드시오.

가. 각 재료는 0.6cm×1cm×6cm로 하시오.
나. 누름적의 수량은 2개를 제출하고, 꼬치는 빼서 제출하시오.

수험자 유의사항

1. 만드는 순서에 유의하며, 위생과 숙련된 기능평가를 위하여 조리작업 시 맛을 보지 않습니다.
2. 지정된 수험자지참준비물 이외의 조리기구나 재료를 시험장 내에 지참할 수 없습니다.
3. 지급재료는 시험 전 확인하여 이상이 있을 경우 시험위원으로부터 조치를 받고 시험 중에는 재료의 교환 및 추가지급은 하지 않습니다.
4. 요구사항 및 지급재료의 규격은 "정도"의 의미를 포함하며, 지급된 재료의 크기에 따라 가감하여 채점합니다.
5. 위생복, 위생모, 앞치마, 마스크를 착용하여야 하며, 시험장비·조리도구 취급 등 안전에 유의합니다.
6. 다음 사항은 실격에 해당하여 채점 대상에서 제외됩니다.
    가) 수험자 본인이 시험 도중 시험에 대한 포기 의사를 표현하는 경우
    나) 위생복, 위생모, 앞치마, 마스크를 착용하지 않은 경우
    다) 시험시간 내에 과제 두 가지를 제출하지 못한 경우
    라) 문제의 요구사항대로 과제의 수량이 만들어지지 않은 경우
    마) 완성품을 요구사항의 과제(요리)가 아닌 다른 요리(예, 달걀말이→달걀찜)로 만든 경우
    바) 불을 사용하여 만든 조리작품이 작품특성에 벗어나는 정도로 타거나 익지 않은 경우
    사) 해당과제의 지급재료 이외 재료를 사용하거나, 요구사항의 조리기구(석쇠 등)로 완성품을 조리하지 않은 경우
    아) 지정된 수험자지참준비물 이외의 조리기술에 영향을 줄 수 있는 기구를 사용한 경우
    자) 가스레인지 화구 2개 이상(2개 포함) 사용한 경우
    차) 시험 중 시설·장비(칼, 가스레인지 등) 사용 시 시험위원 및 타수험자의 시험 진행에 위해를 일으킬 것으로 시험위원 전원이 합의하여 판단한 경우
    카) 요구사항에 표시된 실격 및 부정행위에 해당하는 경우
7. 항목별 배점은 위생상태 및 안전관리 5점, 조리기술 30점, 작품의 평가 15점입니다.
8. 시험시작 전 가벼운 몸 풀기(스트레칭) 동작으로 긴장을 풀고 시험을 시작합니다.

지급 재료
- 소고기(살코기) 50g
- 불린 표고버섯 1개
- 당근 50g
- 쪽파 2뿌리
- 통도라지 1개
- 밀가루(중력분) 20g
- 달걀 1개
- 참기름 5mL
- 산적꼬치 2개
- 식용유 30mL
- 소금 5g
- 진간장 10mL
- 흰설탕 5g
- 대파 흰부분 1토막
- 마늘 간 것 1쪽
- 검은후춧가루 2g
- 깨소금 5g

〈소고기 · 표고버섯 양념〉
- 진간장 1t
- 흰설탕 1/2t
- 다진 파
- 다진 마늘
- 참기름
- 깨소금
- 후추 약간씩

RECIPE

재료확인 → 재료손질 → 끓는 물 준비 → 재료 데치기 → 재료 양념하기 → 재료 볶기 → 산적꼬치에 끼우기 → 밀가루 묻히기 → 달걀물 씌우기 → 지지기 → 산적꼬치 빼기 → 완성그릇에 담기

재료 손질하기
01 당근과 껍질을 벗긴 도라지는 0.4×1×6cm 크기로 썰어서 끓는 물에 소금을 넣고 데친다.

재료 양념하기
02 쪽파는 6cm 길이로 잘라서 소금과 참기름으로 양념한다. 표고버섯은 폭 1cm, 길이 6cm로 썰고, 소고기는 0.4×1.2×8cm로 썰어서 잔 칼집을 주고 양념한다.

▲ 재료 손질하기

▲ 도라지, 당근 데치기

▲ 쪽파 간하기

재료 볶기
03 기름을 두른 팬에 도라지, 당근을 볶으면서 소금으로 간을 하고 표고버섯, 소고기를 볶는다.
꼬치에 꿰어 굽기
04 볶은 재료는 산적꼬치에 색을 맞춰 끼우고 밀가루를 묻히고 달걀 옷을 입혀 팬에 약불로 지진다.
05 지짐누름적이 식으면 산적꼬치를 돌리면서 빼낸 후 접시에 담아 제출한다.

▲ 도라지, 당근 볶기

▲ 꼬치에 끼우기

▲ 밀가루 묻히기

팁 & 체크포인트

- 쪽파는 두꺼운 부분에 가는 것을 끼워서 단단하게 만들고, 기름 두른 팬에 볶지 않는다.
- 밀가루를 묻힌 후 충분히 털어 내고 달걀물을 입혀야 재료의 색이 선명하게 나타난다.
- 지져낸 꼬치는 식힌 후 꼬치를 돌려 가면서 빼내야 모양이 흐트러지지 않는다.

전·적조리-7

14 풋고추전

 시험시간_ 25분

▶ **NCS**(국가직무능력표준) 과정의 주안점
- 전·적의 종류에 따라 재료를 전처리하여 준비할 수 있다.
- 주재료에 따라 소를 채우거나 꼬치를 활용하여 전·적의 형태를 만들 수 있다.
- 재료와 조리 방법에 따라 기름의 종류, 양과 온도를 조절하여 지져낼 수 있다.
- 전·적의 조리는 기름을 제거하여 담아낼 수 있다.

요구사항

주어진 재료를 사용하여 다음과 같이 풋고추전을 만드시오.

가. 풋고추는 5cm 길이로, 소를 넣어 지져 내시오.
나. 풋고추는 잘라 데쳐서 사용하며, 완성된 풋고추전은 8개를 제출하시오.

수험자 유의사항

1. 만드는 순서에 유의하며, 위생과 숙련된 기능평가를 위하여 조리작업 시 맛을 보지 않습니다.
2. 지정된 수험자지참준비물 이외의 조리기구나 재료를 시험장 내에 지참할 수 없습니다.
3. 지급재료는 시험 전 확인하여 이상이 있을 경우 시험위원으로부터 조치를 받고 시험 중에는 재료의 교환 및 추가지급은 하지 않습니다.
4. 요구사항 및 지급재료의 규격은 "정도"의 의미를 포함하며, 지급된 재료의 크기에 따라 가감하여 채점합니다.
5. 위생복, 위생모, 앞치마, 마스크를 착용하여야 하며, 시험장비·조리도구 취급 등 안전에 유의합니다.
6. 다음 사항은 실격에 해당하여 채점 대상에서 제외됩니다.
    가) 수험자 본인이 시험 도중 시험에 대한 포기 의사를 표현하는 경우
    나) 위생복, 위생모, 앞치마, 마스크를 착용하지 않은 경우
    다) 시험시간 내에 과제 두 가지를 제출하지 못한 경우
    라) 문제의 요구사항대로 과제의 수량이 만들어지지 않은 경우
    마) 완성품을 요구사항의 과제(요리)가 아닌 다른 요리(예, 달걀말이→달걀찜)로 만든 경우
    바) 불을 사용하여 만든 조리작품이 작품특성에 벗어나는 정도로 타거나 익지 않은 경우
    사) 해당과제의 지급재료 이외 재료를 사용하거나, 요구사항의 조리기구(석쇠 등)로 완성품을 조리하지 않은 경우
    아) 지정된 수험자지참준비물 이외의 조리기술에 영향을 줄 수 있는 기구를 사용한 경우
    자) 가스레인지 화구 2개 이상(2개 포함) 사용한 경우
    차) 시험 중 시설·장비(칼, 가스레인지 등) 사용 시 시험위원 및 타수험자의 시험 진행에 위해를 일으킬 것으로 시험위원 전원이 합의하여 판단한 경우
    카) 요구사항에 표시된 실격 및 부정행위에 해당하는 경우
7. 항목별 배점은 위생상태 및 안전관리 5점, 조리기술 30점, 작품의 평가 15점입니다.
8. 시험시작 전 가벼운 몸 풀기(스트레칭) 동작으로 긴장을 풀고 시험을 시작합니다.

지급 재료
- 풋고추 2개 (길이 11cm 이상)
- 소고기(살코기) 30g
- 두부 15g
- 밀가루(중력분) 15g
- 달걀 1개
- 대파 흰부분 1토막
- 검은후춧가루 1g
- 참기름 5mL
- 소금 5g
- 깨소금 5g
- 마늘 깐 것 1쪽
- 식용유 20mL
- 흰설탕 5g

〈소고기·두부 양념〉
- 소금 1/3t
- 흰설탕 1/3t
- 다진 파 약간
- 다진 마늘 약간
- 참기름 약간
- 깨소금 약간
- 후추 약간

 RECIPE

재료확인 → 재료손질 → 끓는 물 준비 → 풋 고추 데치기 → 소 양념하기 → 소 넣기 → 밀가루 묻히기 → 달걀물 씌우기 → 지지기 → 완성그릇에 담기

풋고추 손질하기

01 풋고추 데칠 물을 끓인다.

02 풋고추는 꼭지를 따고 길이대로 반을 자른 후, 씨와 속을 제거하고 5cm 길이로 자른다.

03 끓는 물에 소금을 넣고 풋고추를 새파랗게 데친 후 찬물에 헹구어 물기를 제거한다.

▲ 풋고추 씨 빼기

▲ 소 반죽 양념하기

소 만들기

04 소고기는 핏물을 제거한 후 곱게 다지고, 두부는 물기를 제거하고 곱게 으깬다.

05 다진 소고기와 으깬 두부는 다진 파, 다진 마늘, 소금, 설탕, 깨소금, 후추, 참기름으로 양념한다.

풋고추 소 넣기

06 고추 안쪽에 밀가루를 바른 후 다진 소를 넣고 편편하게 채운다.

▲ 소 넣기

팬에 지지기

07 소를 채워 넣은 쪽에 밀가루를 묻히고 달걀물을 씌워서 기름 두른 팬에 약불로 지진다.

08 고추 안쪽을 다 익힌 후, 마지막에 불을 끄고 고추 등도 살짝 굽는다.

▲ 밀가루 묻히기

▲ 달걀물 묻히기

▲ 팬에 지지기

팁 & 체크포인트

- 소고기와 두부를 다질 때 물기를 충분히 제거해 주지 않으면 기름 팬에서 지질 때 물이 나와 고추의 소가 떨어진다
- 고추의 등 부분을 구울 때는 기름을 조금 더 붓고, 기름을 고추의 등에 끼얹으며 새파랗게 익혀준다.

생채 · 회조리-1

15 무생채

 시험시간_ 15분

▶ **NCS**(국가직무능력표준) 과정의 주안점
- 생채 · 회의 종류에 맞추어 도구와 재료를 준비할 수 있다.
- 재료에 따라 요구되는 전처리를 수행할 수 있다.
- 양념장 재료를 비율대로 혼합, 조절할 수 있다.
- 재료에 양념장을 넣고 잘 배합되도록 무칠 수 있다.

요구사항

주어진 재료를 사용하여 다음과 같이 무생채를 만드시오.

가. 무는 0.2cm×0.2cm×6cm 정도 크기로 썰어 사용하시오.
나. 생채는 고춧가루를 사용하시오.
다. 무생채는 70g 이상 제출하시오.

수험자 유의사항

1. 만드는 순서에 유의하며, 위생과 숙련된 기능평가를 위하여 조리작업 시 맛을 보지 않습니다.
2. 지정된 수험자지참준비물 이외의 조리기구나 재료를 시험장 내에 지참할 수 없습니다.
3. 지급재료는 시험 전 확인하여 이상이 있을 경우 시험위원으로부터 조치를 받고 시험 중에는 재료의 교환 및 추가지급은 하지 않습니다.
4. 요구사항 및 지급재료의 규격은 "정도"의 의미를 포함하며, 지급된 재료의 크기에 따라 가감하여 채점합니다.
5. 위생복, 위생모, 앞치마, 마스크를 착용하여야 하며, 시험장비ㆍ조리도구 취급 등 안전에 유의합니다.
6. 다음 사항은 실격에 해당하여 채점 대상에서 제외됩니다.
    가) 수험자 본인이 시험 도중 시험에 대한 포기 의사를 표현하는 경우
    나) 위생복, 위생모, 앞치마, 마스크를 착용하지 않은 경우
    다) 시험시간 내에 과제 두 가지를 제출하지 못한 경우
    라) 문제의 요구사항대로 과제의 수량이 만들어지지 않은 경우
    마) 완성품을 요구사항의 과제(요리)가 아닌 다른 요리(예, 달걀말이→달걀찜)로 만든 경우
    바) 불을 사용하여 만든 조리작품이 작품특성에 벗어나는 정도로 타거나 익지 않은 경우
    사) 해당과제의 지급재료 이외 재료를 사용하거나, 요구사항의 조리기구(석쇠 등)로 완성품을 조리하지 않은 경우
    아) 지정된 수험자지참준비물 이외의 조리기술에 영향을 줄 수 있는 기구를 사용한 경우
    자) 가스레인지 화구 2개 이상(2개 포함) 사용한 경우
    차) 시험 중 시설ㆍ장비(칼, 가스레인지 등) 사용 시 시험위원 및 타수험자의 시험 진행에 위해를 일으킬 것으로 시험위원 전원이 합의하여 판단한 경우
    카) 요구사항에 표시된 실격 및 부정행위에 해당하는 경우
7. 항목별 배점은 위생상태 및 안전관리 5점, 조리기술 30점, 작품의 평가 15점입니다.
8. 시험시작 전 가벼운 몸 풀기(스트레칭) 동작으로 긴장을 풀고 시험을 시작합니다.

지급 재료
- 무 120g
- 소금 5g
- 고춧가루 10g
- 흰설탕 10g
- 식초 5mL
- 대파 흰부분 1토막
- 마늘 깐 것 1쪽
- 깨소금 5g
- 생강 5g

〈양념〉
- 고춧가루 2t
- 소금 1/3t
- 흰설탕 1t
- 식초 1t
- 다진 파 약간
- 다진 마늘 약간
- 생강즙 약간
- 깨소금 약간

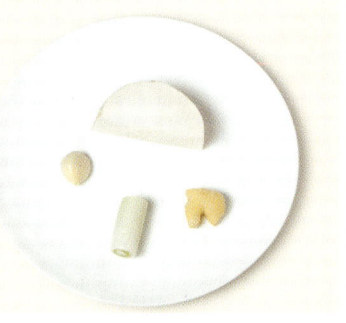

RECIPE

재료확인 → 무 채썰기 → 고운 고춧가루 물들이기 → 양념 만들기 → 양념하기 → 버무리기 → 완성그릇에 담기

재료 손질하기

01 무는 길이를 6cm로 자른 후, 두께와 폭은 0.2cm로 일정하게 채썬다.
02 채를 썬 무에 고춧가루를 체에 내려 고운 고춧가루 물을 들인다.
03 파, 마늘, 생강을 다진다.

▲ 무 채썰기

▲ 재료 손질하기

▲ 고춧가루 체내리기

▲ 고춧가루 물들이기

양념 만들기

04 고춧가루에 다진 파, 다진 마늘, 생강즙, 소금, 식초, 설탕, 깨소금을 섞는다.

완성하기

05 제출 직전에 고춧물을 들인 무에 양념을 조금씩 넣어가면서 버무려 제출한다.

▲ 양념하기   ▲ 무생채 버무리기

팁 & 체크포인트

- 고춧가루의 입자가 거칠 경우 다져서 사용하거나 체에 내려 사용한다.
- 생채는 항상 제출 직전에 버무려야 물이 생기지 않는다.

생채·회조리-2

16 도라지생채

시험시간_ 15분

▶ **NCS**(국가직무능력표준) 과정의 주안점
- 생채·회의 종류에 맞추어 도구와 재료를 준비할 수 있다.
- 재료에 따라 요구되는 전처리를 수행할 수 있다.
- 양념장 재료를 비율대로 혼합, 조절할 수 있다.
- 재료에 양념장을 넣고 잘 배합되도록 무칠 수 있다.

요구사항

주어진 재료를 사용하여 다음과 같이 도라지생채를 만드시오.

가. 도라지는 0.3cm x 0.3cm x 6cm로 써시오.
나. 생채는 고추장과 고춧가루 양념으로 무쳐 제출하시오.

수험자 유의사항

1. 만드는 순서에 유의하며, 위생과 숙련된 기능평가를 위하여 조리작업 시 맛을 보지 않습니다.
2. 지정된 수험자지참준비물 이외의 조리기구나 재료를 시험장 내에 지참할 수 없습니다.
3. 지급재료는 시험 전 확인하여 이상이 있을 경우 시험위원으로부터 조치를 받고 시험 중에는 재료의 교환 및 추가지급은 하지 않습니다.
4. 요구사항 및 지급재료의 규격은 "정도"의 의미를 포함하며, 지급된 재료의 크기에 따라 가감하여 채점합니다.
5. 위생복, 위생모, 앞치마, 마스크를 착용하여야 하며, 시험장비ㆍ조리도구 취급 등 안전에 유의합니다.
6. 다음 사항은 실격에 해당하여 채점 대상에서 제외됩니다.
    가) 수험자 본인이 시험 도중 시험에 대한 포기 의사를 표현하는 경우
    나) 위생복, 위생모, 앞치마, 마스크를 착용하지 않은 경우
    다) 시험시간 내에 과제 두 가지를 제출하지 못한 경우
    라) 문제의 요구사항대로 과제의 수량이 만들어지지 않은 경우
    마) 완성품을 요구사항의 과제(요리)가 아닌 다른 요리(예, 달걀말이→달걀찜)로 만든 경우
    바) 불을 사용하여 만든 조리작품이 작품특성에 벗어나는 정도로 타거나 익지 않은 경우
    사) 해당과제의 지급재료 이외 재료를 사용하거나, 요구사항의 조리기구(석쇠 등)로 완성품을 조리하지 않은 경우
    아) 지정된 수험자지참준비물 이외의 조리기술에 영향을 줄 수 있는 기구를 사용한 경우
    자) 가스레인지 화구 2개 이상(2개 포함) 사용한 경우
    차) 시험 중 시설ㆍ장비(칼, 가스레인지 등) 사용 시 시험위원 및 타수험자의 시험 진행에 위해를 일으킬 것으로 시험위원 전원이 합의하여 판단한 경우
    카) 요구사항에 표시된 실격 및 부정행위에 해당하는 경우
7. 항목별 배점은 위생상태 및 안전관리 5점, 조리기술 30점, 작품의 평가 15점입니다.
8. 시험시작 전 가벼운 몸 풀기(스트레칭) 동작으로 긴장을 풀고 시험을 시작합니다.

지급 재료
- 통도라지 3개
- 소금 5g
- 고추장 20g
- 흰설탕 10g
- 식초 15mL
- 대파 흰부분 1토막
- 마늘 간 것 1쪽
- 깨소금 5g
- 고춧가루 10g

〈양념〉
- 고추장 1T
- 고춧가루 1t
- 흰설탕 1t
- 식초 1t
- 다진 파 약간
- 다진 마늘 약간
- 깨소금 약간

RECIPE

재료확인 → 재료손질 → 소금에 절이기 → 양념 만들기 → 양념에 버무리기 → 완성그릇에 담기

도라지 손질하기

01 **도라지**는 깨끗이 씻고 윗부분을 잘라낸 후, 껍질을 돌려가며 벗기고 0.3×0.3×6cm 크기로 썰어서 소금물에 담근다.

02 **소금물**에 담근 도라지는 주물러 씻어 쓴맛을 제거하고 찬물에 헹궈 물기를 제거한다.

▲ 도라지 껍질 벗겨 준비하기

▲ 도라지 채썰기

▲ 도라지를 소금물에 절이기

▲ 도라지 물기 제거하기

양념장 만들기
03 고추장에 고운 **고춧가루, 다진 파, 다진 마늘, 설탕, 식초, 깨소금**을 넣고 섞는다.

완성하기
04 도라지생채는 제출 직전에 양념을 조금씩 넣어가며 버무려서 제출한다.

▲ 양념 만들기

▲ 양념에 넣어 도라지 생채 버무리기

팁 & 체크포인트
- 도라지는 소금물에 담가 쓴맛을 제거하고, 주어진 전량을 썰어서 준비한다.
- 도라지의 양이 적기 때문에 양념은 버무려 가며 조절해서 넣는다.
- 도라지생채는 제출 직전에 버무려야 물이 생기지 않는다.

생채 · 회조리-3

17 더덕생채

 시험시간_ 20분

▶ **NCS**(국가직무능력표준) 과정의 주안점
- 생채 · 회의 종류에 맞추어 도구와 재료를 준비할 수 있다.
- 재료에 따라 요구되는 전처리를 수행할 수 있다.
- 양념장 재료를 비율대로 혼합, 조절할 수 있다.
- 재료에 양념장을 넣고 잘 배합되도록 무칠 수 있다.

요구사항

주어진 재료를 사용하여 다음과 같이 더덕생채를 만드시오.

가. 더덕은 5cm로 썰어 두들겨 편 후 찢어서 쓴맛을 제거하여 사용하시오.
나. 고춧가루로 양념하고, 전량 제출하시오.

수험자 유의사항

1. 만드는 순서에 유의하며, 위생과 숙련된 기능평가를 위하여 조리작업 시 맛을 보지 않습니다.
2. 지정된 수험자지참준비물 이외의 조리기구나 재료를 시험장 내에 지참할 수 없습니다.
3. 지급재료는 시험 전 확인하여 이상이 있을 경우 시험위원으로부터 조치를 받고 시험 중에는 재료의 교환 및 추가지급은 하지 않습니다.
4. 요구사항 및 지급재료의 규격은 "정도"의 의미를 포함하며, 지급된 재료의 크기에 따라 가감하여 채점합니다.
5. 위생복, 위생모, 앞치마, 마스크를 착용하여야 하며, 시험장비ㆍ조리도구 취급 등 안전에 유의합니다.
6. 다음 사항은 실격에 해당하여 채점 대상에서 제외됩니다.
    가) 수험자 본인이 시험 도중 시험에 대한 포기 의사를 표현하는 경우
    나) 위생복, 위생모, 앞치마, 마스크를 착용하지 않은 경우
    다) 시험시간 내에 과제 두 가지를 제출하지 못한 경우
    라) 문제의 요구사항대로 과제의 수량이 만들어지지 않은 경우
    마) 완성품을 요구사항의 과제(요리)가 아닌 다른 요리(예, 달걀말이→달걀찜)로 만든 경우
    바) 불을 사용하여 만든 조리작품이 작품특성에 벗어나는 정도로 타거나 익지 않은 경우
    사) 해당과제의 지급재료 이외 재료를 사용하거나, 요구사항의 조리기구(석쇠 등)로 완성품을 조리하지 않은 경우
    아) 지정된 수험자지참준비물 이외의 조리기술에 영향을 줄 수 있는 기구를 사용한 경우
    자) 가스레인지 화구 2개 이상(2개 포함) 사용한 경우
    차) 시험 중 시설ㆍ장비(칼, 가스레인지 등) 사용 시 시험위원 및 타수험자의 시험 진행에 위해를 일으킬 것으로 시험위원 전원이 합의하여 판단한 경우
    카) 요구사항에 표시된 실격 및 부정행위에 해당하는 경우
7. 항목별 배점은 위생상태 및 안전관리 5점, 조리기술 30점, 작품의 평가 15점입니다.
8. 시험시작 전 가벼운 몸 풀기(스트레칭) 동작으로 긴장을 풀고 시험을 시작합니다.

지급 재료
- 통더덕 2개(길이 10~15cm)
- 마늘 깐 것 1쪽
- 흰설탕 5g
- 식초 5mL
- 대파 흰부분 1토막
- 소금 5g
- 깨소금 5g
- 고춧가루 20g

〈양념〉
- 고춧가루 1T
- 흰설탕 1t
- 식초 1t
- 다진 파 약간
- 다진 마늘 약간
- 깨소금 약간

RECIPE

재료확인 → 더덕 손질 → 소금물에 담그기 → 밀어 펴기 → 가늘게 찢기 → 양념 만들기 → 버무리기 → 완성그릇에 담기

재료 손질하기

01 **더덕**은 깨끗이 씻어 껍질을 돌려가며 벗기고, 5cm 길이로 썰어 **소금물**에 담근다.

02 쓴맛을 제거한 더덕은 물기를 닦고 **밀대**로 밀어 펴서 손으로 가늘고 길게 찢는다.

▲ 더덕 껍질 돌려깎기

▲ 껍질 벗긴 더덕과 양념 준비

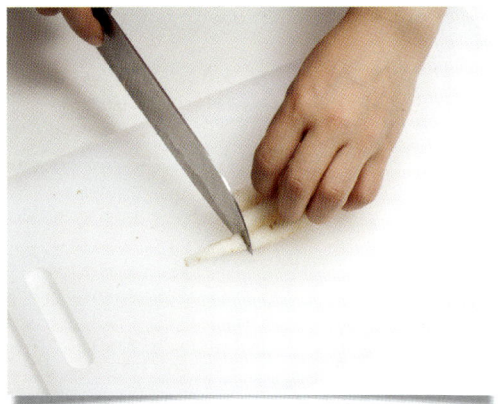
▲ 5cm 길이로 자르기

▲ 밀대로 밀어 펴기

▲ 더덕 찢기

양념 만들기
03 고운 고춧가루, 다진 파, 다진 마늘, 설탕, 식초, 깨소금을 넣고 섞는다.

완성하기
04 더덕생채는 제출 직전에 양념을 조금씩 넣어가며 버무린 후 제출한다.

▲ 버무리기

팁 & 체크포인트
- 더덕은 5cm 길이로 잘라 밀대로 밀어 편 후 칼로 써는 것이 아니라, 손으로 가늘고 길게 찢는다.
- 더덕은 주어진 전량을 사용하여 생채를 완성한다.
- 양념장을 많이 섞어 질어지지 않게 버무리고 담아낼 때는 더덕 채를 부풀려 담아낸다.

생채 · 회조리-4

18 겨자채

 시험시간_ 35분

▶ **NCS**(국가직무능력표준) 과정의 주안점
- 생채 · 회의 종류에 맞추어 도구와 재료를 준비할 수 있다.
- 재료에 따라 요구되는 전처리를 수행할 수 있다.
- 양념장 재료를 비율대로 혼합, 조절할 수 있다.
- 재료에 양념장을 넣고 잘 배합되도록 무칠 수 있다.

요구사항

주어진 재료를 사용하여 다음과 같이 겨자채를 만드시오.

가. 채소, 편육, 황·백지단, 배는 0.3cm×1cm×4cm로 써시오.
나. 밤은 모양대로 납작하게 써시오.
다. 겨자는 발효시켜 매운맛이 나도록 하여 간을 맞춘 후 재료를 무쳐서 담고, 통잣을 고명으로 올리시오.

수험자 유의사항

1. 만드는 순서에 유의하며, 위생과 숙련된 기능평가를 위하여 조리작업 시 맛을 보지 않습니다.
2. 지정된 수험자지참준비물 이외의 조리기구나 재료를 시험장 내에 지참할 수 없습니다.
3. 지급재료는 시험 전 확인하여 이상이 있을 경우 시험위원으로부터 조치를 받고 시험 중에는 재료의 교환 및 추가지급은 하지 않습니다.
4. 요구사항 및 지급재료의 규격은 "정도"의 의미를 포함하며, 지급된 재료의 크기에 따라 가감하여 채점합니다.
5. 위생복, 위생모, 앞치마, 마스크를 착용하여야 하며, 시험장비·조리도구 취급 등 안전에 유의합니다.
6. 다음 사항은 실격에 해당하여 채점 대상에서 제외됩니다.
    가) 수험자 본인이 시험 도중 시험에 대한 포기 의사를 표현하는 경우
    나) 위생복, 위생모, 앞치마, 마스크를 착용하지 않은 경우
    다) 시험시간 내에 과제 두 가지를 제출하지 못한 경우
    라) 문제의 요구사항대로 과제의 수량이 만들어지지 않은 경우
    마) 완성품을 요구사항의 과제(요리)가 아닌 다른 요리(예, 달걀말이→달걀찜)로 만든 경우
    바) 불을 사용하여 만든 조리작품이 작품특성에 벗어나는 정도로 타거나 익지 않은 경우
    사) 해당과제의 지급재료 이외 재료를 사용하거나, 요구사항의 조리기구(석쇠 등)로 완성품을 조리하지 않은 경우
    아) 지정된 수험자지참준비물 이외의 조리기술에 영향을 줄 수 있는 기구를 사용한 경우
    자) 가스레인지 화구 2개 이상(2개 포함) 사용한 경우
    차) 시험 중 시설·장비(칼, 가스레인지 등) 사용 시 시험위원 및 타수험자의 시험 진행에 위해를 일으킬 것으로 시험위원 전원이 합의하여 판단한 경우
    카) 요구사항에 표시된 실격 및 부정행위에 해당하는 경우
7. 항목별 배점은 위생상태 및 안전관리 5점, 조리기술 30점, 작품의 평가 15점입니다.
8. 시험시작 전 가벼운 몸 풀기(스트레칭) 동작으로 긴장을 풀고 시험을 시작합니다.

지급 재료
- 양배추 50g
- 오이 1/3개
- 당근 50g
- 소고기(살코기) 50g
- 밤 2개
- 달걀 1개
- 배 1/8개
- 흰설탕 20g
- 잣 5개
- 소금 5g
- 식초 10mL
- 진간장 5mL
- 겨자가루 6g
- 식용유 10mL

〈겨자즙〉
- 발효시킨 겨자 1T
- 물 1T
- 흰설탕 1t
- 식초 1t
- 소금 1/2t
- 진간장 1/3t

RECIPE

재료확인 → 끓는 물 준비 → 소고기 삶기 → 겨자 발효시키기 → 겨자즙 만들기 → 재료 손질 →
황·백지단 굽기 → 비늘 잣 만들기 → 버무리기 → 완성그릇에 담기 → 비늘 잣 얹기

고기삶기 및 겨자 발효시키기
01 **소고기**는 덩어리째 끓는 물에 삶는다. 이 때 **겨자가루**를 물 1t에 개어서, 고기 삶는 냄비 뚜껑에 엎어 황금색이 될 때까지 발효시킨다.

재료 손질하기
02 **양배추, 오이, 당근, 배**는 0.3×1×4cm로 썬 후 배는 설탕물, 나머지는 찬물에 담근다. 삶은 고기는 식힌 후 0.3×1×4cm 크기로 썬다.
03 **밤**은 0.3cm 두께로 편을 썬다.
04 **달걀**은 황·백으로 분리하여 기름 두른 팬에 황·백지단을 부치고 0.3×1×4cm 크기로 썬다.

▲ 고기 삶기(겨자 발효시키기)

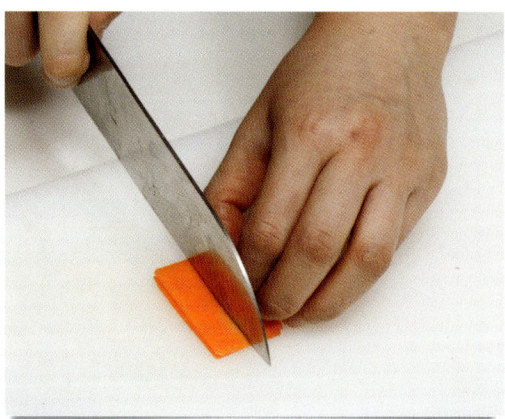

▲ 당근 썰기

▲ 재료 손질하기

겨자즙 만들기

05 발효시킨 겨자에 물을 넣고 섞어 부드럽게 만든 후 식초, 설탕, 간장, 소금을 넣고 섞어 겨자즙을 만든다.

완성하기

06 손질한 재료들의 물기를 제거하고 편육, 황·백지단을 넣고 겨자즙을 넣어가면서 버무린다. 완성 접시에 담고 통잣을 고명으로 얹어 제출한다.

▲ 겨자즙 만들기

▲ 버무리기

팁 & 체크포인트

- 고기의 덩어리가 크면 길이대로 2등분해서 삶으며 겨자도 함께 발효시킨다.
- 고기를 삶은 후 뜨거울 때 모양을 잡고 식힌 다음 썬다.
- 채소는 손질 후 찬물에 담가두어야 싱싱하고 아삭거리는 맛이 난다.

생채 · 회조리-5

19 육회

 시험시간_ 20분

▶ **NCS**(국가직무능력표준) 과정의 주안점
- 생채 · 회의 종류에 맞추어 도구와 재료를 준비할 수 있다.
- 재료에 따라 요구되는 전처리를 수행할 수 있다.
- 재료에 양념장을 넣고 잘 배합되도록 무칠 수 있다.
- 조리 종류와 색, 형태, 인원수, 분량 등을 고려하여 그릇을 선택할 수 있다.

요구사항

주어진 재료를 사용하여 다음과 같이 육회를 만드시오.

가. 소고기는 0.3cm×0.3cm×6cm로 썰어 소금 양념으로 하시오.
나. 배는 0.3cm x 0.3cm x 5cm로 변색되지 않게 하여 가장자리에 돌려 담으시오.
다. 마늘은 편으로 썰어 장식하고 잣가루를 고명으로 얹으시오.
라. 소고기는 손질하여 전량 사용하시오.

수험자 유의사항

1. 만드는 순서에 유의하며, 위생과 숙련된 기능평가를 위하여 조리작업 시 맛을 보지 않습니다.
2. 지정된 수험자지참준비물 이외의 조리기구나 재료를 시험장 내에 지참할 수 없습니다.
3. 지급재료는 시험 전 확인하여 이상이 있을 경우 시험위원으로부터 조치를 받고 시험 중에는 재료의 교환 및 추가지급은 하지 않습니다.
4. 요구사항 및 지급재료의 규격은 "정도"의 의미를 포함하며, 지급된 재료의 크기에 따라 가감하여 채점합니다.
5. 위생복, 위생모, 앞치마, 마스크를 착용하여야 하며, 시험장비ㆍ조리도구 취급 등 안전에 유의합니다.
6. 다음 사항은 실격에 해당하여 채점 대상에서 제외됩니다.
    가) 수험자 본인이 시험 도중 시험에 대한 포기 의사를 표현하는 경우
    나) 위생복, 위생모, 앞치마, 마스크를 착용하지 않은 경우
    다) 시험시간 내에 과제 두 가지를 제출하지 못한 경우
    라) 문제의 요구사항대로 과제의 수량이 만들어지지 않은 경우
    마) 완성품을 요구사항의 과제(요리)가 아닌 다른 요리(예, 달걀말이→달걀찜)로 만든 경우
    바) 불을 사용하여 만든 조리작품이 작품특성에 벗어나는 정도로 타거나 익지 않은 경우
    사) 해당과제의 지급재료 이외 재료를 사용하거나, 요구사항의 조리기구(석쇠 등)로 완성품을 조리하지 않은 경우
    아) 지정된 수험자지참준비물 이외의 조리기술에 영향을 줄 수 있는 기구를 사용한 경우
    자) 가스레인지 화구 2개 이상(2개 포함) 사용한 경우
    차) 시험 중 시설ㆍ장비(칼, 가스레인지 등) 사용 시 시험위원 및 타수험자의 시험 진행에 위해를 일으킬 것으로 시험위원 전원이 합의하여 판단한 경우
    카) 요구사항에 표시된 실격 및 부정행위에 해당하는 경우
7. 항목별 배점은 위생상태 및 안전관리 5점, 조리기술 30점, 작품의 평가 15점입니다.
8. 시험시작 전 가벼운 몸 풀기(스트레칭) 동작으로 긴장을 풀고 시험을 시작합니다.

지급 재료
- 소고기(살코기) 90g
- 배 1/4개
- 잣 5개
- 소금 5g
- 마늘 깐 것 3쪽
- 대파 흰부분 2토막
- 검은후춧가루 2g
- 참기름 10mL
- 흰설탕 30g
- 깨소금 5g

〈소고기 양념〉
- 소금 1/3t
- 흰설탕 1t
- 참기름 1/2t
- 다진 파 약간
- 다진 마늘 약간
- 깨소금 약간
- 후추 약간

 RECIPE

재료확인 → 재료 손질 → 소고기 양념하기 → 완성그릇에 담기 → 잣가루 뿌리기

재료 손질하기

01 소고기는 핏물을 제거한 후 0.3×0.3×6cm로 썰고 다진 파, 다진 마늘, 소금, 설탕, 후추, 깨소금, 참기름으로 양념한다.

02 배는 껍질을 벗기고 0.3×0.3×5cm 크기로 썬 후 설탕물에 담근다.

03 마늘의 3/4은 편을 썬다.

04 잣은 고깔을 떼고 곱게 다져서 잣가루를 만든다.

▲ 고기 채썰기

▲ 소고기 양념하기

▲ 배 채썰기　　　　　　　　　　▲ 설탕물에 채 썬 배 담그기

▲ 마늘 편썰기　　　　　　　　　▲ 잣가루 만들기

완성하기

05 배의 물기를 제거하고 완성접시의 가장 자리에 배를 돌려 담고, 중앙에 고기를 올리고 고기의 둘레에 마늘 편을 붙인 뒤 잣가루를 뿌려서 제출한다.

팁 & 체크포인트

- 육회용 고기는 결 반대방향으로 썰어야 고기가 부드럽다.
- 다진 마늘, 다진 파는 맛과 향이 강해서 고기의 색을 변하게 할 수 있으므로 넣는 양을 줄인다.
- 완성접시에 담을 때 배의 설탕물과 고기의 핏물을 충분히 제거하지 않으면 고기의 핏물이 배를 타고 내려와 물이 든다.

생채·회조리-6

20 미나리강회

시험시간_ 35분

▶ **NCS**(국가직무능력표준) 과정의 주안점
- 생채·회의 종류에 맞추어 도구와 재료를 준비할 수 있다.
- 재료에 따라 요구되는 전처리를 수행할 수 있다.
- 양념장 재료를 비율대로 혼합, 조절할 수 있다.
- 조리종류에 따라 양념장을 곁들일 수 있다.

요구사항

주어진 재료를 사용하여 다음과 같이 미나리강회를 만드시오.

가. 강회의 폭은 1.5cm, 길이는 5cm 로 만드시오.

나. 붉은 고추의 폭은 0.5cm, 길이는 4cm 로 만드시오.

다. 달걀은 황·백지단으로 사용하시오.

라. 강회는 8개 만들어 초고추장과 함께 제출하시오.

수험자 유의사항

1. 만드는 순서에 유의하며, 위생과 숙련된 기능평가를 위하여 조리작업 시 맛을 보지 않습니다.
2. 지정된 수험자지참준비물 이외의 조리기구나 재료를 시험장 내에 지참할 수 없습니다.
3. 지급재료는 시험 전 확인하여 이상이 있을 경우 시험위원으로부터 조치를 받고 시험 중에는 재료의 교환 및 추가지급은 하지 않습니다.
4. 요구사항 및 지급재료의 규격은 "정도"의 의미를 포함하며, 지급된 재료의 크기에 따라 가감하여 채점합니다.
5. 위생복, 위생모, 앞치마, 마스크를 착용하여야 하며, 시험장비·조리도구 취급 등 안전에 유의합니다.
6. 다음 사항은 실격에 해당하여 채점 대상에서 제외됩니다.
    가) 수험자 본인이 시험 도중 시험에 대한 포기 의사를 표현하는 경우
    나) 위생복, 위생모, 앞치마, 마스크를 착용하지 않은 경우
    다) 시험시간 내에 과제 두 가지를 제출하지 못한 경우
    라) 문제의 요구사항대로 과제의 수량이 만들어지지 않은 경우
    마) 완성품을 요구사항의 과제(요리)가 아닌 다른 요리(예, 달걀말이→달걀찜)로 만든 경우
    바) 불을 사용하여 만든 조리작품이 작품특성에 벗어나는 정도로 타거나 익지 않은 경우
    사) 해당과제의 지급재료 이외 재료를 사용하거나, 요구사항의 조리기구(석쇠 등)로 완성품을 조리하지 않은 경우
    아) 지정된 수험자지참준비물 이외의 조리기술에 영향을 줄 수 있는 기구를 사용한 경우
    자) 가스레인지 화구 2개 이상(2개 포함) 사용한 경우
    차) 시험 중 시설·장비(칼, 가스레인지 등) 사용 시 시험위원 및 타수험자의 시험 진행에 위해를 일으킬 것으로 시험위원 전원이 합의하여 판단한 경우
    카) 요구사항에 표시된 실격 및 부정행위에 해당하는 경우
7. 항목별 배점은 위생상태 및 안전관리 5점, 조리기술 30점, 작품의 평가 15점입니다.
8. 시험시작 전 가벼운 몸 풀기(스트레칭) 동작으로 긴장을 풀고 시험을 시작합니다.

지급 재료
- 소고기(살코기) 80g
- 미나리 줄기부분 30g
- 홍고추(생) 1개
- 달걀 2개
- 고추장 15g
- 식초 5mL
- 흰설탕 5g
- 소금 5g
- 식용유 10mL

〈초고추장〉
- 고추장 1T
- 흰설탕 1t
- 식초 1t

RECIPE

재료확인 → 재료손질 → 끓는 물 준비 → 미나리 데치기 → 소고기 삶기 → 황·백지단 부치기 → 미나리 감기 → 완성그릇에 담기 → 초고추장을 곁들어 제출하기

재료 손질하기

01 **미나리**는 다듬어 줄기 부분만 끓는 물에 **소금**을 넣어 데친 후 찬물에 헹구어 물기를 제거하고 굵은 부분은 반으로 가른다.

02 **소고기**는 끓는 물에 덩어리째 삶아 모양을 잡고, 식은 후 길이 5cm, 폭 1.5cm, 두께 0.3cm로 썬다.

03 **홍고추**는 길이대로 반을 잘라 씨와 속을 제거하고 폭은 0.5cm, 길이는 4cm로 썬다.

04 **달걀**은 황·백으로 분리하여 황·백지단을 부친 후 고기와 같은 크기로 썬다.

▲ 미나리 데치기

▲ 홍고추 썰기

▲ 황·백지단 부치기

말아주기
05 편육 → 백지단 → 황지단 → 홍고추 순서대로 올리고, 미나리 줄기를 3번 정도 감아서 고기 아래쪽으로 끼워 넣는다.

초고추장 만들기
06 고추장에 식초, 설탕을 넣고 섞는다.

완성하기
07 미나리강회는 8개를 만들고 초고추장과 함께 제출한다.

▲ 미나리 감기

▲ 끝 마무리 짓기

▲ 초고추장 만들기

팁 & 체크포인트
- 고기의 덩어리가 너무 크면 삶는 데 시간이 많이 걸리므로 등분해서 삶는다.
- 황·백지단의 두께가 너무 얇으면 미나리를 감을 때 미나리강회의 모양이 찌그러진다.
- 제출시 초고추장을 반드시 곁들인다.

조림 · 초조리-1

21 두부조림

 시험시간_ 25분

▶ **NCS**(국가직무능력표준) 과정의 주안점

- 조림 · 조리의 재료에 따라 전처리를 수행할 수 있다.
- 조리종류에 따라 준비한 도구에 재료를 넣고 양념장에 조릴 수 있다.
- 조리종류에 따라 국물의 양을 조절하여 담아낼 수 있다.
- 조림, 초, 조리에 따라 고명을 얹어 낼 수 있다.

요구사항

주어진 재료를 사용하여 다음과 같이 두부조림을 만드시오.

가. 두부는 0.8cm×3cm×4.5cm로 잘라 지져서 사용하시오.
나. 8쪽을 제출하고, 촉촉하게 보이도록 국물을 약간 끼얹어 내시오.
다. 실고추와 파채를 고명으로 얹으시오.

수험자 유의사항

1. 만드는 순서에 유의하며, 위생과 숙련된 기능평가를 위하여 조리작업 시 맛을 보지 않습니다.
2. 지정된 수험자지참준비물 이외의 조리기구나 재료를 시험장 내에 지참할 수 없습니다.
3. 지급재료는 시험 전 확인하여 이상이 있을 경우 시험위원으로부터 조치를 받고 시험 중에는 재료의 교환 및 추가지급은 하지 않습니다.
4. 요구사항 및 지급재료의 규격은 "정도"의 의미를 포함하며, 지급된 재료의 크기에 따라 가감하여 채점합니다.
5. 위생복, 위생모, 앞치마, 마스크를 착용하여야 하며, 시험장비·조리도구 취급 등 안전에 유의합니다.
6. 다음 사항은 실격에 해당하여 채점 대상에서 제외됩니다.
    가) 수험자 본인이 시험 도중 시험에 대한 포기 의사를 표현하는 경우
    나) 위생복, 위생모, 앞치마, 마스크를 착용하지 않은 경우
    다) 시험시간 내에 과제 두 가지를 제출하지 못한 경우
    라) 문제의 요구사항대로 과제의 수량이 만들어지지 않은 경우
    마) 완성품을 요구사항의 과제(요리)가 아닌 다른 요리(예, 달걀말이→달걀찜)로 만든 경우
    바) 불을 사용하여 만든 조리작품이 작품특성에 벗어나는 정도로 타거나 익지 않은 경우
    사) 해당과제의 지급재료 이외 재료를 사용하거나, 요구사항의 조리기구(석쇠 등)로 완성품을 조리하지 않은 경우
    아) 지정된 수험자지참준비물 이외의 조리기술에 영향을 줄 수 있는 기구를 사용한 경우
    자) 가스레인지 화구 2개 이상(2개 포함) 사용한 경우
    차) 시험 중 시설·장비(칼, 가스레인지 등) 사용 시 시험위원 및 타수험자의 시험 진행에 위해를 일으킬 것으로 시험위원 전원이 합의하여 판단한 경우
    카) 요구사항에 표시된 실격 및 부정행위에 해당하는 경우
7. 항목별 배점은 위생상태 및 안전관리 5점, 조리기술 30점, 작품의 평가 15점입니다.
8. 시험시작 전 가벼운 몸 풀기(스트레칭) 동작으로 긴장을 풀고 시험을 시작합니다.

지급 재료
- 두부 200g
- 대파(흰부분) 1토막
- 실고추 1g
- 검은후춧가루 1g
- 참기름 5mL
- 소금 5g
- 마늘 간 것 1쪽
- 식용유 30mL
- 진간장 15mL
- 깨소금 5g
- 흰설탕 5g

〈양념장〉
- 물 1/4C
- 진간장 1T
- 흰설탕 1/2t
- 다진 파 약간
- 다진 마늘 약간
- 참기름 약간
- 깨소금 약간
- 후추 약간

RECIPE

재료확인 → 재료손질 → 두부 밑간하기 → 지지기 → 양념장 만들기 → 조리기 → 고명 올리기 → 잠시 뜸들이기 → 완성그릇에 담기

재료 손질하기
01 **두부**는 0.8×3×4.5cm의 크기로 8개를 일정하게 썰고 **소금**을 뿌려둔다.
02 **파**의 겉부분은 2cm 길이로 잘라 고명으로 준비하고, 파의 속부분은 곱게 다져 양념으로 사용한다.
03 **실고추**는 2cm 길이로 자른다.

▲ 두부 자르기

▲ 밑간하기

양념장 만들기
04 물 1/4C에 간장, 설탕, 다진 파, 다진 마늘, 깨소금, 참기름, 후추를 넣고 섞는다.

두부 지지기
05 두부의 물기를 제거하고 기름을 두른 팬에서 앞, 뒤로 노릇하게 지진다.

▲ 양념장 만들기　　　▲ 팬에 지지기

두부 조림하기
06 냄비에 두부를 넣고 양념장을 부어 조린다.
07 국물이 2큰술이 남을 때까지 양념장을 끼얹으며 조린다.
08 두부가 어느 정도 조려지면 파 채를 올린 후 국물을 끼얹어 숨을 죽이고 실고추를 올린다.

완성하기
09 완성 접시에 두부를 담고 국물을 끼얹어 제출한다.

▲ 파 채 썰기　　　▲ 조림하기

✅ 팁 & 체크포인트
- 두부는 수분을 충분히 제거해야 팬에서 구울 때 노릇노릇한 색을 얻을 수 있다.
- 조림을 할 때 뚜껑을 열고 국물을 끼얹어 가며 서서히 조림을 하면 간이 골고루 배어들고 두부에서도 윤기가 난다.

조림·초조리-2

22 홍합초

 시험시간_ 20분

▶ **NCS**(국가직무능력표준) 과정의 주안점
- 조림·조리의 재료에 따라 전처리를 수행할 수 있다.
- 조리종류에 따라 준비한 도구에 재료를 넣고 양념장에 조릴 수 있다.
- 조리종류에 따라 국물의 양을 조절하여 담아낼 수 있다.
- 조림, 초, 조리에 따라 고명을 얹어 낼 수 있다.

요구사항

주어진 재료를 사용하여 다음과 같이 홍합초를 만드시오.

가. 마늘과 생강은 편으로, 파는 2cm로 써시오.

나. 홍합은 데쳐서 전량 사용하고, 촉촉하게 보이도록 국물을 끼얹어 제출하시오.

다. 잣가루를 고명으로 얹으시오.

수험자 유의사항

1. 만드는 순서에 유의하며, 위생과 숙련된 기능평가를 위하여 조리작업 시 맛을 보지 않습니다.
2. 지정된 수험자지참준비물 이외의 조리기구나 재료를 시험장 내에 지참할 수 없습니다.
3. 지급재료는 시험 전 확인하여 이상이 있을 경우 시험위원으로부터 조치를 받고 시험 중에는 재료의 교환 및 추가지급은 하지 않습니다.
4. 요구사항 및 지급재료의 규격은 "정도"의 의미를 포함하며, 지급된 재료의 크기에 따라 가감하여 채점합니다.
5. 위생복, 위생모, 앞치마, 마스크를 착용하여야 하며, 시험장비·조리도구 취급 등 안전에 유의합니다.
6. 다음 사항은 실격에 해당하여 채점 대상에서 제외됩니다.
    가) 수험자 본인이 시험 도중 시험에 대한 포기 의사를 표현하는 경우
    나) 위생복, 위생모, 앞치마, 마스크를 착용하지 않은 경우
    다) 시험시간 내에 과제 두 가지를 제출하지 못한 경우
    라) 문제의 요구사항대로 과제의 수량이 만들어지지 않은 경우
    마) 완성품을 요구사항의 과제(요리)가 아닌 다른 요리(예, 달걀말이→달걀찜)로 만든 경우
    바) 불을 사용하여 만든 조리작품이 작품특성에 벗어나는 정도로 타거나 익지 않은 경우
    사) 해당과제의 지급재료 이외 재료를 사용하거나, 요구사항의 조리기구(석쇠 등)로 완성품을 조리하지 않은 경우
    아) 지정된 수험자지참준비물 이외의 조리기술에 영향을 줄 수 있는 기구를 사용한 경우
    자) 가스레인지 화구 2개 이상(2개 포함) 사용한 경우
    차) 시험 중 시설·장비(칼, 가스레인지 등) 사용 시 시험위원 및 타수험자의 시험 진행에 위해를 일으킬 것으로 시험위원 전원이 합의하여 판단한 경우
    카) 요구사항에 표시된 실격 및 부정행위에 해당하는 경우
7. 항목별 배점은 위생상태 및 안전관리 5점, 조리기술 30점, 작품의 평가 15점입니다.
8. 시험시작 전 가벼운 몸 풀기(스트레칭) 동작으로 긴장을 풀고 시험을 시작합니다.

지급 재료
- 껍질 벗긴 생홍합 100g
- 대파 흰부분 1토막
- 검은후춧가루 2g
- 참기름 5mL
- 마늘 깐 것 2쪽
- 진간장 40mL
- 생강 15g
- 흰설탕 10g
- 잣 5개

〈조림장〉
- 물 1/2C
- 진간장 2T
- 흰설탕 1T
- 참기름 약간
- 후추 약간

RECIPE

재료확인 → 재료손질 → 끓는 물 준비 → 홍합 데치기 → 조림장 만들기 → 조리기 → 완성그릇에 담기 → 국물 끼얹기 → 잣가루 뿌리기

재료 손질하기

01 **생홍합**은 잔털을 떼어내고 소금물에 씻은 후 끓는 물에 데친다.
02 **마늘, 생강**은 0.2cm 두께로 편썰고, **대파**는 2cm 길이로 썬다.
03 **잣**은 고깔을 떼고 종이에 곱게 다져 잣가루를 만든다.

▲ 홍합 다듬기

▲ 홍합 데치기

▲ 대파 자르기

조림장 만들기
04 물 1/2C을 넣고 간장, 설탕, 참기름, 후추를 섞어 조림장을 만든다.

조리기
05 홍합의 물기를 제거한 후 냄비에 넣고 조림장, 마늘편, 생강편, 대파를 넣고 조린다.
06 국물이 1큰술 정도 남을 때까지 조린 후 참기름을 넣고 섞는다.

완성하기
07 조려진 홍합을 담고 국물을 끼얹은 후, 잣가루를 뿌려 제출한다.

▲ 마늘 편썰기

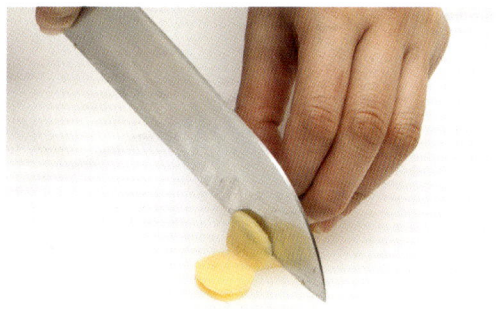

▲ 생강 편썰기

▲ 홍합 조려내기

팁 & 체크포인트
- 마늘과 생강은 너무 얇게 편을 썰면 쉽게 물러진다.
- 데친 홍합의 물기를 제거한 후, 뚜껑을 열고 국물을 끼얹으며 조려야 윤기가 난다.

구이조리-1

23 너비아니구이

 시험시간_ 25분

▶ **NCS**(국가직무능력표준) 과정의 주안점
- 재료에 따라 요구되는 전처리를 수행할 수 있다.
- 구이 종류에 따라 유장 처리나 양념을 할 수 있다.
- 온도와 불의 세기를 조절하여 익힐 수 있다.
- 구이의 색, 형태를 유지할 수 있다.

요구사항

주어진 재료를 사용하여 다음과 같이 너비아니구이를 만드시오.

가. 완성된 너비아니는 0.5cm×4cm×5cm로 하시오.

나. 석쇠를 사용하여 굽고, 6쪽 제출하시오.

다. 잣가루를 고명으로 얹으시오.

수험자 유의사항

1. 만드는 순서에 유의하며, 위생과 숙련된 기능평가를 위하여 조리작업 시 맛을 보지 않습니다.
2. 지정된 수험자지참준비물 이외의 조리기구나 재료를 시험장 내에 지참할 수 없습니다.
3. 지급재료는 시험 전 확인하여 이상이 있을 경우 시험위원으로부터 조치를 받고 시험 중에는 재료의 교환 및 추가지급은 하지 않습니다.
4. 요구사항 및 지급재료의 규격은 "정도"의 의미를 포함하며, 지급된 재료의 크기에 따라 가감하여 채점합니다.
5. 위생복, 위생모, 앞치마, 마스크를 착용하여야 하며, 시험장비·조리도구 취급 등 안전에 유의합니다.
6. 다음 사항은 실격에 해당하여 채점 대상에서 제외됩니다.
    가) 수험자 본인이 시험 도중 시험에 대한 포기 의사를 표현하는 경우
    나) 위생복, 위생모, 앞치마, 마스크를 착용하지 않은 경우
    다) 시험시간 내에 과제 두 가지를 제출하지 못한 경우
    라) 문제의 요구사항대로 과제의 수량이 만들어지지 않은 경우
    마) 완성품을 요구사항의 과제(요리)가 아닌 다른 요리(예, 달걀말이→달걀찜)로 만든 경우
    바) 불을 사용하여 만든 조리작품이 작품특성에 벗어나는 정도로 타거나 익지 않은 경우
    사) 해당과제의 지급재료 이외 재료를 사용하거나, 요구사항의 조리기구(석쇠 등)로 완성품을 조리하지 않은 경우
    아) 지정된 수험자지참준비물 이외의 조리기술에 영향을 줄 수 있는 기구를 사용한 경우
    자) 가스레인지 화구 2개 이상(2개 포함) 사용한 경우
    차) 시험 중 시설·장비(칼, 가스레인지 등) 사용 시 시험위원 및 타수험자의 시험 진행에 위해를 일으킬 것으로 시험위원 전원이 합의하여 판단한 경우
    카) 요구사항에 표시된 실격 및 부정행위에 해당하는 경우
7. 항목별 배점은 위생상태 및 안전관리 5점, 조리기술 30점, 작품의 평가 15점입니다.
8. 시험시작 전 가벼운 몸 풀기(스트레칭) 동작으로 긴장을 풀고 시험을 시작합니다.

지급 재료
- 소고기(안심 또는 등심) 100g
- 진간장 50mL
- 대파 흰부분 1토막
- 마늘 깐 것 2쪽
- 검은후춧가루 2g
- 흰설탕 10g
- 깨소금 5g
- 참기름 10mL
- 배 1/8개(50g 정도)
- 식용유 10mL
- 잣 5개

〈양념장〉
- 진간장 2T
- 흰설탕 1T
- 다진 파 약간
- 다진 마늘 약간
- 참기름 약간
- 깨소금 약간
- 후추 약간

RECIPE

재료확인 → 고기 손질 → 배즙 만들기 → 양념장 만들기 → 양념장에 고기 재우기 → 석쇠에 굽기 → 완성그릇에 담기

재료 손질하기

01 소고기는 가장자리의 기름기를 제거하고 0.4×5×6cm 크기로 썬다.

02 고기 가운데 위치한 힘줄 부위는 칼끝으로 끊고 잔 칼집을 준 후, 칼등으로 가볍게 두들겨 고기를 부드럽게 만든다.

03 배는 껍질을 벗기고 강판에 갈아 면보에 짜서 손질한 고기를 먼저 재워 놓는다.

▲ 힘줄 끊기

▲ 잔 칼집 넣기

양념장 만들기
04 진간장, 설탕, 다진 파, 다진 마늘, 후추, 깨소금, 참기름을 섞어 양념장을 만든 후 고기를 재워 둔다.

구워서 완성하기
05 석쇠를 달군 후 기름을 바르고 재워 둔 고기를 올려 중불에서 타지 않게 앞, 뒤로 굽는다.
06 잘 구워진 너비아니 6쪽을 완성 그릇에 담고 잣가루 고명을 뿌려 제출한다.

▲ 양념장 만들기

▲ 양념장에 재우기

▲ 석쇠에 굽기

▲ 잣가루 고명 뿌리기

팁 & 체크포인트
- 고기를 결대로 썰면 질기므로 결 반대방향으로 썬다.
- 배즙은 양념장에 넣고 고기를 재워 두어도 된다.
- 석쇠에 구울 때 양념이 많이 묻어 있으면 고기가 쉽게 탈 수 있다.
- 고기가 얇게 썰어진 부분은 타지 않게 겹쳐 놓고 굽는다.

구이조리-2

24 제육구이

 시험시간_ 30분

▶ **NCS**(국가직무능력표준) 과정의 주안점
- 재료에 따라 요구되는 전처리를 수행할 수 있다.
- 구이 종류에 따라 유장 처리나 양념을 할 수 있다.
- 온도와 불의 세기를 조절하여 익힐 수 있다.
- 구이의 색, 형태를 유지할 수 있다.

요구사항

주어진 재료를 사용하여 다음과 같이 제육구이를 만드시오.

가. 완성된 제육은 0.4cm×4cm×5cm 정도로 하시오.

나. 고추장 양념하여 석쇠에 구우시오.

다. 제육구이는 전량 제출하시오.

수험자 유의사항

1. 만드는 순서에 유의하며, 위생과 숙련된 기능평가를 위하여 조리작업 시 맛을 보지 않습니다.
2. 지정된 수험자지참준비물 이외의 조리기구나 재료를 시험장 내에 지참할 수 없습니다.
3. 지급재료는 시험 전 확인하여 이상이 있을 경우 시험위원으로부터 조치를 받고 시험 중에는 재료의 교환 및 추가지급은 하지 않습니다.
4. 요구사항 및 지급재료의 규격은 "정도"의 의미를 포함하며, 지급된 재료의 크기에 따라 가감하여 채점합니다.
5. 위생복, 위생모, 앞치마, 마스크를 착용하여야 하며, 시험장비·조리도구 취급 등 안전에 유의합니다.
6. 다음 사항은 실격에 해당하여 채점 대상에서 제외됩니다.
    가) 수험자 본인이 시험 도중 시험에 대한 포기 의사를 표현하는 경우
    나) 위생복, 위생모, 앞치마, 마스크를 착용하지 않은 경우
    다) 시험시간 내에 과제 두 가지를 제출하지 못한 경우
    라) 문제의 요구사항대로 과제의 수량이 만들어지지 않은 경우
    마) 완성품을 요구사항의 과제(요리)가 아닌 다른 요리(예, 달걀말이→달걀찜)로 만든 경우
    바) 불을 사용하여 만든 조리작품이 작품특성에 벗어나는 정도로 타거나 익지 않은 경우
    사) 해당과제의 지급재료 이외 재료를 사용하거나, 요구사항의 조리기구(석쇠 등)로 완성품을 조리하지 않은 경우
    아) 지정된 수험자지참준비물 이외의 조리기술에 영향을 줄 수 있는 기구를 사용한 경우
    자) 가스레인지 화구 2개 이상(2개 포함) 사용한 경우
    차) 시험 중 시설·장비(칼, 가스레인지 등) 사용 시 시험위원 및 타수험자의 시험 진행에 위해를 일으킬 것으로 시험위원 전원이 합의하여 판단한 경우
    카) 요구사항에 표시된 실격 및 부정행위에 해당하는 경우
7. 항목별 배점은 위생상태 및 안전관리 5점, 조리기술 30점, 작품의 평가 15점입니다.
8. 시험시작 전 가벼운 몸 풀기(스트레칭) 동작으로 긴장을 풀고 시험을 시작합니다.

지급 재료
- 돼지고기 (등심 또는 볼깃살) 150g
- 고추장 40g
- 진간장 10mL
- 대파 흰부분 1토막
- 마늘 깐 것 2쪽
- 검은후춧가루 2g
- 흰설탕 15g
- 깨소금 5g
- 참기름 5mL
- 생강 10g
- 식용유 10mL

〈양념장〉
- 고추장 2T
- 흰설탕 1T
- 진간장 1t
- 다진 파 약간
- 다진 마늘 약간
- 생강즙 약간
- 참기름 약간
- 깨소금 약간
- 후추 약간

RECIPE

재료확인 → 돼지고기 손질 → 양념장 만들기 → 양념장 바르기 → 석쇠에 굽기 → 완성그릇에 담기

재료 손질하기
01 **돼지고기**는 가장자리의 기름기를 제거하고 0.3×4.5×5.5cm 크기로 썬다.
02 고기 가운데 위치한 힘줄 부위는 칼끝으로 끊고 잔 칼집을 준 후, 칼등으로 가볍게 두들겨 고기를 부드럽게 만든다.
03 **생강**을 다져서 면보에 짠 후 생강즙을 만든다.

▲ 잔 칼집 넣기

양념장 만들기
04 고추장에 **다진 파, 다진 마늘, 간장, 설탕, 후추, 깨소금, 참기름, 생강즙**을 섞어 양념장을 만든 후 고기에 골고루 묻힌다.

▲ 양념장 만들기

▲ 양념장 바르기

구워서 완성하기

05 석쇠를 달군 후 기름을 바른다.

06 양념장을 처리한 고기를 올려 중불에서 타지 않게 앞, 뒤로 구워서 제출한다.

▲ 석쇠에 기름칠하기

▲ 돼지고기 굽기

 팁 & 체크포인트

- 완성된 제육구이 크기를 고려하여 재료를 조금 크게 썰고 잔칼집을 준다.
- 고기에 양념이 많으면 고기가 익기도 전에 양념만 탈 수 있으므로, 양념을 조금씩 덧발라가며 굽는다.
- 양념장이 너무 묽으면 흘러내리므로 석쇠에 구울 때 양념장은 너무 묽지 않게 만든다.

구이조리-3

25 북어구이

 시험시간_ 20분

▶ **NCS**(국가직무능력표준) 과정의 주안점
- 재료에 따라 요구되는 전처리를 수행할 수 있다.
- 구이 종류에 따라 유장 처리나 양념을 할 수 있다.
- 구이 종류에 따라 초벌구이를 할 수 있다.
- 온도와 불의 세기를 조절하여 익힐 수 있다.

요구사항

주어진 재료를 사용하여 다음과 같이 북어구이를 만드시오.

가. 구워진 북어의 길이는 5cm로 하시오.

나. 유장으로 초벌구이 하고, 고추장 양념으로 석쇠에 구우시오.

다. 완성품은 3개를 제출하시오.(단, 세로로 잘라 3/6토막 제출할 경우 수량부족으로 실격 처리됩니다.)

수험자 유의사항

1. 만드는 순서에 유의하며, 위생과 숙련된 기능평가를 위하여 조리작업 시 맛을 보지 않습니다.
2. 지정된 수험자지참준비물 이외의 조리기구나 재료를 시험장 내에 지참할 수 없습니다.
3. 지급재료는 시험 전 확인하여 이상이 있을 경우 시험위원으로부터 조치를 받고 시험 중에는 재료의 교환 및 추가지급은 하지 않습니다.
4. 요구사항 및 지급재료의 규격은 "정도"의 의미를 포함하며, 지급된 재료의 크기에 따라 가감하여 채점합니다.
5. 위생복, 위생모, 앞치마, 마스크를 착용하여야 하며, 시험장비·조리도구 취급 등 안전에 유의합니다.
6. 다음 사항은 실격에 해당하여 채점 대상에서 제외됩니다.
    가) 수험자 본인이 시험 도중 시험에 대한 포기 의사를 표현하는 경우
    나) 위생복, 위생모, 앞치마, 마스크를 착용하지 않은 경우
    다) 시험시간 내에 과제 두 가지를 제출하지 못한 경우
    라) 문제의 요구사항대로 과제의 수량이 만들어지지 않은 경우
    마) 완성품을 요구사항의 과제(요리)가 아닌 다른 요리(예, 달걀말이→달걀찜)로 만든 경우
    바) 불을 사용하여 만든 조리작품이 작품특성에 벗어나는 정도로 타거나 익지 않은 경우
    사) 해당과제의 지급재료 이외 재료를 사용하거나, 요구사항의 조리기구(석쇠 등)로 완성품을 조리하지 않은 경우
    아) 지정된 수험자지참준비물 이외의 조리기술에 영향을 줄 수 있는 기구를 사용한 경우
    자) 가스레인지 화구 2개 이상(2개 포함) 사용한 경우
    차) 시험 중 시설·장비(칼, 가스레인지 등) 사용 시 시험위원 및 타수험자의 시험 진행에 위해를 일으킬 것으로 시험위원 전원이 합의하여 판단한 경우
    카) 요구사항에 표시된 실격 및 부정행위에 해당하는 경우
7. 항목별 배점은 위생상태 및 안전관리 5점, 조리기술 30점, 작품의 평가 15점입니다.
8. 시험시작 전 가벼운 몸 풀기(스트레칭) 동작으로 긴장을 풀고 시험을 시작합니다.

지급 재료
- 북어포 1마리
- 진간장 20mL
- 대파 흰부분 1토막
- 마늘 간 것 2쪽
- 고추장 40g
- 흰설탕 10g
- 깨소금 5g
- 참기름 15mL
- 검은후춧가루 2g
- 식용유 10mL

〈유장〉
- 참기름 1T
- 진간장 1t

〈양념장〉
- 고추장 2T
- 흰설탕 1T
- 진간장 약간
- 다진 파 약간
- 다진 마늘 약간
- 참기름 약간
- 깨소금 약간
- 후추 약간

RECIPE

재료확인 → 북어 불리기 → 북어 손질 → 유장 처리 → 석쇠에 초벌 굽기 → 양념장 만들기 → 양념장 바르기 → 석쇠에 굽기 → 완성그릇에 담기

재료 손질하기

01 **북어포**는 물에 잠시 불려 물기를 짜고 머리, 지느러미, 뼈, 꼬리를 제거한 뒤 6cm 길이로 잘라 등쪽에 대각선으로 칼집을 넣는다.

▲ 북어포 머리 자르기

▲ 지느러미 자르기

▲ 등쪽에 칼집 넣기

유장 처리
02 손질한 북어에 유장을 바른다.

초벌구이
03 석쇠를 달군 후 기름을 바르고 유장 처리한 북어를 올려 중불에서 타지 않게 앞, 뒤로 굽는다.

▲ 유장 처리

▲ 초벌굽기

양념장 만들기
04 고추장에 **다진 파, 다진 마늘,** 간장, 설탕, 후추, **깨소금, 참기름**을 섞어 양념장을 만든 후 북어에 바른다.

구워서 완성하기
05 석쇠를 달군 후 기름을 바르고 북어를 올려 타지 않게 구운 후 제출한다.

▲ 양념장 만들기

▲ 석쇠에 굽기

팁 & 체크포인트
- 북어포를 너무 오래 물에 담그면 살이 부서진다.
- 북어는 초벌구이에서 거의 80% 정도 익힌 후 양념장을 바르고 타지 않게 굽는다.
- 굽다가 탄 양념은 떼어내고 제출한다.

구이조리-4

26 더덕구이

시험시간_ 30분

▶ **NCS**(국가직무능력표준) 과정의 주안점
- 재료에 따라 요구되는 전처리를 수행할 수 있다.
- 구이 종류에 따라 유장 처리나 양념을 할 수 있다.
- 구이 종류에 따라 초벌구이를 할 수 있다.
- 온도와 불의 세기를 조절하여 익힐 수 있다.

요구사항

주어진 재료를 사용하여 다음과 같이 더덕구이를 만드시오.

가. 더덕은 껍질을 벗겨 사용하시오.

나. 유장으로 초벌구이 하고, 고추장 양념으로 석쇠에 구우시오.

다. 완성품은 전량 제출하시오.

수험자 유의사항

1. 만드는 순서에 유의하며, 위생과 숙련된 기능평가를 위하여 조리작업 시 맛을 보지 않습니다.
2. 지정된 수험자지참준비물 이외의 조리기구나 재료를 시험장 내에 지참할 수 없습니다.
3. 지급재료는 시험 전 확인하여 이상이 있을 경우 시험위원으로부터 조치를 받고 시험 중에는 재료의 교환 및 추가지급은 하지 않습니다.
4. 요구사항 및 지급재료의 규격은 "정도"의 의미를 포함하며, 지급된 재료의 크기에 따라 가감하여 채점합니다.
5. 위생복, 위생모, 앞치마, 마스크를 착용하여야 하며, 시험장비·조리도구 취급 등 안전에 유의합니다.
6. 다음 사항은 실격에 해당하여 채점 대상에서 제외됩니다.
    가) 수험자 본인이 시험 도중 시험에 대한 포기 의사를 표현하는 경우
    나) 위생복, 위생모, 앞치마, 마스크를 착용하지 않은 경우
    다) 시험시간 내에 과제 두 가지를 제출하지 못한 경우
    라) 문제의 요구사항대로 과제의 수량이 만들어지지 않은 경우
    마) 완성품을 요구사항의 과제(요리)가 아닌 다른 요리(예, 달걀말이→달걀찜)로 만든 경우
    바) 불을 사용하여 만든 조리작품이 작품특성에 벗어나는 정도로 타거나 익지 않은 경우
    사) 해당과제의 지급재료 이외 재료를 사용하거나, 요구사항의 조리기구(석쇠 등)로 완성품을 조리하지 않은 경우
    아) 지정된 수험자지참준비물 이외의 조리기술에 영향을 줄 수 있는 기구를 사용한 경우
    자) 가스레인지 화구 2개 이상(2개 포함) 사용한 경우
    차) 시험 중 시설·장비(칼, 가스레인지 등) 사용 시 시험위원 및 타수험자의 시험 진행에 위해를 일으킬 것으로 시험위원 전원이 합의하여 판단한 경우
    카) 요구사항에 표시된 실격 및 부정행위에 해당하는 경우
7. 항목별 배점은 위생상태 및 안전관리 5점, 조리기술 30점, 작품의 평가 15점입니다.
8. 시험시작 전 가벼운 몸 풀기(스트레칭) 동작으로 긴장을 풀고 시험을 시작합니다.

지급 재료
- 통더덕 3개
- 진간장 10mL
- 대파 흰부분 1토막
- 마늘 깐 것 1쪽
- 고추장 30g
- 흰설탕 5g
- 깨소금 5g
- 참기름 10mL
- 소금 10g
- 식용유 10mL

〈유장〉
- 참기름 1T
- 진간장 1t

〈양념장〉
- 고추장 2T
- 흰설탕 1T
- 진간장 약간
- 다진 파 약간
- 다진 마늘 약간
- 참기름 약간
- 깨소금 약간

 RECIPE

재료확인 → 더덕 껍질 벗기기 → 더덕 자르기 → 밀어 펴기 → 소금물에 담그기 → 석쇠에 초벌 굽기 → 양념장 만들기 → 더덕에 양념장 바르기 → 석쇠에 굽기 → 완성그릇에 담기

재료 손질하기

01 더덕은 깨끗이 씻어 껍질을 돌려가며 벗긴 후 5cm 길이로 잘라 밀대로 밀어 편다.

02 손질한 더덕은 소금물에 담가 쓴맛을 제거한다.

▲ 더덕 껍질 벗기고 다듬기

▲ 밀대로 밀어 펴기

▲ 소금물에 담그기

유장 처리
03 참기름, 진간장을 섞어 유장을 만든 후 손질한 더덕에 유장을 바른다.

▲ 유장 처리

초벌구이
04 석쇠를 달군 후 식용유를 바르고 유장 처리한 더덕을 올려 중불에서 타지 않게 굽는다.

양념장 만들기
05 고추장에 다진 파, 다진 마늘, 간장, 설탕, 깨소금, 참기름을 섞어 양념장을 만든 후 더덕에 바른다.

구워서 완성하기
06 석쇠를 달군 후 기름을 바르고 더덕을 올려 타지 않게 구워서 전량을 제출한다.

▲ 양념장 바르기

▲ 석쇠에 굽기

✅ 팁 & 체크포인트
- 껍질 벗긴 더덕은 쪼갠 후 소금물에 담가 쓴맛을 제거한다.
- 더덕은 젖은 면보로 감싼 후 밀대로 밀어 펴면 부서지지 않는다.
- 더덕에 고추장 양념을 발라 구울 때 가장자리가 잘 타므로 센불에서 굽지 않는다.

27 생선양념구이

구이조리-5

 시험시간_ 30분

▶ **NCS**(국가직무능력표준) 과정의 주안점
- 재료에 따라 요구되는 전처리를 수행할 수 있다.
- 구이 종류에 따라 유장 처리나 양념을 할 수 있다.
- 구이 종류에 따라 초벌구이를 할 수 있다.
- 조리한 음식을 부서지지 않게 담을 수 있다.

요구사항

주어진 재료를 사용하여 다음과 같이 생선양념구이를 만드시오.

가. 생선은 머리와 꼬리를 포함하여 통째로 사용하고 내장은 아가미쪽으로 제거하시오.
나. 칼집 넣은 생선은 유장으로 초벌구이하고, 고추장양념으로 석쇠에 구우시오.
다. 생선구이는 머리 왼쪽, 배 앞쪽 방향으로 담아내시오.

수험자 유의사항

1. 만드는 순서에 유의하며, 위생과 숙련된 기능평가를 위하여 조리작업 시 맛을 보지 않습니다.
2. 지정된 수험자지참준비물 이외의 조리기구나 재료를 시험장 내에 지참할 수 없습니다.
3. 지급재료는 시험 전 확인하여 이상이 있을 경우 시험위원으로부터 조치를 받고 시험 중에는 재료의 교환 및 추가지급은 하지 않습니다.
4. 요구사항 및 지급재료의 규격은 "정도"의 의미를 포함하며, 지급된 재료의 크기에 따라 가감하여 채점합니다.
5. 위생복, 위생모, 앞치마, 마스크를 착용하여야 하며, 시험장비ㆍ조리도구 취급 등 안전에 유의합니다.
6. 다음 사항은 실격에 해당하여 채점 대상에서 제외됩니다.
    가) 수험자 본인이 시험 도중 시험에 대한 포기 의사를 표현하는 경우
    나) 위생복, 위생모, 앞치마, 마스크를 착용하지 않은 경우
    다) 시험시간 내에 과제 두 가지를 제출하지 못한 경우
    라) 문제의 요구사항대로 과제의 수량이 만들어지지 않은 경우
    마) 완성품을 요구사항의 과제(요리)가 아닌 다른 요리(예, 달걀말이→달걀찜)로 만든 경우
    바) 불을 사용하여 만든 조리작품이 작품특성에 벗어나는 정도로 타거나 익지 않은 경우
    사) 해당과제의 지급재료 이외 재료를 사용하거나, 요구사항의 조리기구(석쇠 등)로 완성품을 조리하지 않은 경우
    아) 지정된 수험자지참준비물 이외의 조리기술에 영향을 줄 수 있는 기구를 사용한 경우
    자) 가스레인지 화구 2개 이상(2개 포함) 사용한 경우
    차) 시험 중 시설ㆍ장비(칼, 가스레인지 등) 사용 시 시험위원 및 타수험자의 시험 진행에 위해를 일으킬 것으로 시험위원 전원이 합의하여 판단한 경우
    카) 요구사항에 표시된 실격 및 부정행위에 해당하는 경우
7. 항목별 배점은 위생상태 및 안전관리 5점, 조리기술 30점, 작품의 평가 15점입니다.
8. 시험시작 전 가벼운 몸 풀기(스트레칭) 동작으로 긴장을 풀고 시험을 시작합니다.

지급 재료
- 조기 1마리(100g~120g 정도)
- 진간장 20mL
- 대파 흰부분 1토막
- 마늘 깐 것 1쪽
- 고추장 40g
- 흰설탕 5g
- 깨소금 5g
- 참기름 5mL
- 소금 20g
- 검은후춧가루 2g
- 식용유 10mL

〈유장〉
- 참기름 1T
- 진간장 1t

〈양념장〉
- 고추장 2T
- 흰설탕 1T
- 진간장 약간
- 다진 파 약간
- 다진 마늘 약간
- 참기름 약간
- 깨소금 약간
- 후추 약간

RECIPE

재료확인 → 생선손질 → 등쪽 칼집 넣기 → 유장 처리 → 석쇠에 초벌 굽기 → 양념장 만들기 → 생선에 양념장 바르기 → 석쇠에 굽기 → 완성그릇에 담기

재료 손질하기

01 생선은 비늘을 칼등으로 긁고 지느러미를 제거하며, 꼬리는 V자로 자른 뒤 아가미를 벌려 젓가락을 넣고 내장을 제거한다.

02 생선의 등 쪽에 2cm 간격으로 3번의 칼집을 주고 소금을 뿌린다.

▲ 아가미 벌리기

▲ 내장 빼내기

▲ 칼집 넣기

유장 처리
03 손질한 생선에 유장을 바른다.

초벌구이
04 석쇠를 달군 후 식용유를 바르고 유장 처리한 생선을 올려 중불에서 타지 않게 충분히 익힌다.

▲ 유장 처리

양념장 만들기
05 고추장에 **다진 파, 다진 마늘, 간장, 설탕, 후추, 깨소금, 참기름**을 섞어 양념장을 만든 후 생선에 고르게 바른다.

구워서 완성하기
06 석쇠를 달군 후 기름을 바르고 생선을 올려 타지 않게 굽는다.
07 구워진 생선은 머리가 왼쪽, 배가 아래쪽(내 앞쪽)을 향하도록 담아 제출한다.

▲ 양념장 만들기

▲ 석쇠에 굽기

팁 & 체크포인트
- 칼집을 넣을 때 쉽게 타는 내장 쪽이 아닌 생선의 등 쪽으로 칼을 기울여서 칼집을 넣는다.
- 생선의 내장 쪽은 쉽게 타서 구멍이 나기 때문에 살이 많은 등 쪽으로 생선을 충분히 익힌다.

숙채조리-1

28 잡채

 시험시간_ 35분

▶ **NCS**(국가직무능력표준) 과정의 주안점
- 재료에 따라 요구되는 전처리를 수행할 수 있다.
- 조리법에 따라서 삶거나 데칠 수 있다.
- 양념이 잘 배합되도록 무치거나 볶을 수 있다.
- 조리 종류에 따라 고명을 올리거나 양념장을 곁들일 수 있다.

요구사항

주어진 재료를 사용하여 다음과 같이 잡채를 만드시오.

가. 소고기, 양파, 오이, 당근, 도라지, 표고버섯은 0.3cm×0.3cm×6cm로 썰어 사용하시오.
나. 숙주는 데치고 목이버섯은 찢어서 사용하시오.
다. 당면은 삶아서 유장처리하여 볶으시오.
라. 황·백지단은 0.2cm×0.2cm×4cm로 썰어 고명으로 얹으시오.

수험자 유의사항

1. 만드는 순서에 유의하며, 위생과 숙련된 기능평가를 위하여 조리작업 시 맛을 보지 않습니다.
2. 지정된 수험자지참준비물 이외의 조리기구나 재료를 시험장 내에 지참할 수 없습니다.
3. 지급재료는 시험 전 확인하여 이상이 있을 경우 시험위원으로부터 조치를 받고 시험 중에는 재료의 교환 및 추가지급은 하지 않습니다.
4. 요구사항 및 지급재료의 규격은 "정도"의 의미를 포함하며, 지급된 재료의 크기에 따라 가감하여 채점합니다.
5. 위생복, 위생모, 앞치마, 마스크를 착용하여야 하며, 시험장비·조리도구 취급 등 안전에 유의합니다.
6. 다음 사항은 실격에 해당하여 채점 대상에서 제외됩니다.
   가) 수험자 본인이 시험 도중 시험에 대한 포기 의사를 표현하는 경우
   나) 위생복, 위생모, 앞치마, 마스크를 착용하지 않은 경우
   다) 시험시간 내에 과제 두 가지를 제출하지 못한 경우
   라) 문제의 요구사항대로 과제의 수량이 만들어지지 않은 경우
   마) 완성품을 요구사항의 과제(요리)가 아닌 다른 요리(예, 달걀말이→달걀찜)로 만든 경우
   바) 불을 사용하여 만든 조리작품이 작품특성에 벗어나는 정도로 타거나 익지 않은 경우
   사) 해당과제의 지급재료 이외 재료를 사용하거나, 요구사항의 조리기구(석쇠 등)로 완성품을 조리하지 않은 경우
   아) 지정된 수험자지참준비물 이외의 조리기술에 영향을 줄 수 있는 기구를 사용한 경우
   자) 가스레인지 화구 2개 이상(2개 포함) 사용한 경우
   차) 시험 중 시설·장비(칼, 가스레인지 등) 사용 시 시험위원 및 타수험자의 시험 진행에 위해를 일으킬 것으로 시험위원 전원이 합의하여 판단한 경우
   카) 요구사항에 표시된 실격 및 부정행위에 해당하는 경우
7. 항목별 배점은 위생상태 및 안전관리 5점, 조리기술 30점, 작품의 평가 15점입니다.
8. 시험시작 전 가벼운 몸 풀기(스트레칭) 동작으로 긴장을 풀고 시험을 시작합니다.

지급 재료
- 당면 20g
- 소고기(살코기) 30g
- 불린 표고버섯 1개
- 불린 목이버섯 2개
- 양파 1/3개
- 오이 1/3개
- 당근 50g
- 통도라지 1개
- 숙주 20g
- 흰설탕 10g
- 대파 흰부분 1토막
- 마늘 깐 것 2쪽
- 진간장 20mL
- 식용유 50mL
- 깨소금 5g
- 검은후춧가루 1g
- 참기름 5mL
- 소금 15g
- 달걀 1개

〈당면 양념〉
- 진간장 1T
- 흰설탕 1t
- 참기름 2t

〈소고기 양념〉
- 진간장 1t
- 흰설탕 1/2t
- 다진 파 약간
- 다진 마늘 약간
- 참기름 약간
- 깨소금 약간
- 후추 약간

 RECIPE

재료확인 → 재료손질 → 재료 불리기 → 당면 삶기 → 숙주 데치기 → 재료 양념하기 → 재료 볶기 → 완성그릇에 담기 → 황·백지단 고명 올리기

당면 준비하기
01 **당면**은 잘라서 찬물에 불린 후 끓는 물에 삶아서 간장, 설탕, 참기름으로 양념한다.

재료 손질하기
02 **숙주**는 머리와 꼬리를 떼고 끓는 물에 데친 후 **소금**과 **참기름**으로 양념하고, **불린 목이버섯**은 찢은 후 채를 썬 **표고버섯**과 함께 **간장, 설탕, 참기름**으로 양념한다.

03 **도라지**는 0.3×0.3×6cm 크기로 썰어 **소금물**에 담가 쓴 맛을 제거하고 **오이, 양파, 당근**도 같은 크기로 썰어 **소금**을 뿌려 둔다. **소고기**는 채를 썰어 양념을 한다.

▲ 당면 불린 후 양념하기

▲ 재료 손질하기

▲ 숙주 데치기

재료 볶기

04 달걀은 황·백지단을 부쳐 0.2×0.2×4cm 크기로 썰고 기름 두른 팬에 도라지, 오이, 양파, 당근, 목이버섯, 표고버섯, 소고기, 당면 순으로 볶는다.

완성하기

05 당면에 볶은 재료를 넣고 부족한 간은 간장, 설탕, 참기름을 넣고 버무려 접시에 담고 황·백지단 고명을 올려서 제출한다.

▲ 도라지 볶기

▲ 당면 볶기

▲ 볶은 재료와 당면 버무리기

🎯 팁 & 체크포인트

- 잡채는 들어가는 재료가 많기 때문에 각 재료들을 일정한 양만 손질하는 것이 시간을 절약할 수 있다.
- 주재료인 당면은 찬물에 불리고 끓는 물에 삶은 후 밑간하고, 기름 두른 팬에 볶는다.

숙채조리-2

29 탕평채

 시험시간_ 35분

▶ **NCS**(국가직무능력표준) 과정의 주안점
- 재료에 따라 요구되는 전처리를 수행할 수 있다.
- 조리법에 따라서 삶거나 데칠 수 있다.
- 양념이 잘 배합되도록 무치거나 볶을 수 있다.
- 조리종류에 따라 고명을 올리거나 양념장을 곁들일 수 있다.

요구사항

주어진 재료를 사용하여 다음과 같이 탕평채를 만드시오.

가. 청포묵은 0.4cm×0.4cm×6cm로 썰어 데쳐서 사용하시오.

나. 모든 부재료의 길이는 4~5cm로 써시오.

다. 소고기, 미나리, 거두절미한 숙주는 각각 조리하여 청포묵과 함께 초간장으로 무쳐 담아내시오.

라. 황·백지단은 4cm 길이로 채썰고, 김은 구워 부셔서 고명으로 얹으시오.

수험자 유의사항

1. 만드는 순서에 유의하며, 위생과 숙련된 기능평가를 위하여 조리작업 시 맛을 보지 않습니다.
2. 지정된 수험자지참준비물 이외의 조리기구나 재료를 시험장 내에 지참할 수 없습니다.
3. 지급재료는 시험 전 확인하여 이상이 있을 경우 시험위원으로부터 조치를 받고 시험 중에는 재료의 교환 및 추가지급은 하지 않습니다.
4. 요구사항 및 지급재료의 규격은 "정도"의 의미를 포함하며, 지급된 재료의 크기에 따라 가감하여 채점합니다.
5. 위생복, 위생모, 앞치마, 마스크를 착용하여야 하며, 시험장비·조리도구 취급 등 안전에 유의합니다.
6. 다음 사항은 실격에 해당하여 채점 대상에서 제외됩니다.
    가) 수험자 본인이 시험 도중 시험에 대한 포기 의사를 표현하는 경우
    나) 위생복, 위생모, 앞치마, 마스크를 착용하지 않은 경우
    다) 시험시간 내에 과제 두 가지를 제출하지 못한 경우
    라) 문제의 요구사항대로 과제의 수량이 만들어지지 않은 경우
    마) 완성품을 요구사항의 과제(요리)가 아닌 다른 요리(예, 달걀말이→달걀찜)로 만든 경우
    바) 불을 사용하여 만든 조리작품이 작품특성에 벗어나는 정도로 타거나 익지 않은 경우
    사) 해당과제의 지급재료 이외 재료를 사용하거나, 요구사항의 조리기구(석쇠 등)로 완성품을 조리하지 않은 경우
    아) 지정된 수험자지참준비물 이외의 조리기술에 영향을 줄 수 있는 기구를 사용한 경우
    자) 가스레인지 화구 2개 이상(2개 포함) 사용한 경우
    차) 시험 중 시설·장비(칼, 가스레인지 등) 사용 시 시험위원 및 타수험자의 시험 진행에 위해를 일으킬 것으로 시험위원 전원이 합의하여 판단한 경우
    카) 요구사항에 표시된 실격 및 부정행위에 해당하는 경우
7. 항목별 배점은 위생상태 및 안전관리 5점, 조리기술 30점, 작품의 평가 15점입니다.
8. 시험시작 전 가벼운 몸 풀기(스트레칭) 동작으로 긴장을 풀고 시험을 시작합니다.

지급 재료
- 청포묵(길이 6cm) 150g
- 소고기(살코기) 20g
- 숙주 20g
- 미나리 10g
- 달걀 1개
- 김 1/4장
- 진간장 20mL
- 마늘 깐 것 2쪽
- 대파 흰부분 1토막
- 검은후춧가루 1g
- 참기름 5mL
- 흰설탕 5g
- 깨소금 5g
- 식초 5mL
- 소금 5g
- 식용유 10mL

〈소고기 양념〉
- 진간장 1t
- 흰설탕 1/2t
- 다진 파
- 다진 마늘
- 참기름
- 깨소금
- 후추 약간씩

〈초간장〉
- 진간장 1T
- 흰설탕 1t
- 식초 1t

RECIPE

재료확인 → 끓는 물 준비 → 재료손질 → 재료 데치기 → 김 굽기 → 재료 볶기 → 초간장 만들기 → 초간장 넣고 버무리기 → 완성그릇에 담기 → 고명 얹기

재료 손질하기
01 청포묵, 숙주, 미나리를 데칠 물을 끓인다. 청포묵은 0.4×0.4×6cm 크기로 썰어서 끓는 물에 데친 후 소금, 참기름으로 밑간한다.
02 숙주는 머리, 꼬리를 떼고 끓는 물에 소금을 넣고 데친다.
03 미나리는 잎을 떼고 줄기만 4cm 길이로 잘라 끓는 물에 데친 후 찬물에 헹군다.
04 소고기는 5cm 길이로 채를 썰고 다진 파, 다진 마늘, 간장, 설탕, 후추, 깨소금, 참기름으로 양념해서 볶는다.

고명 준비하기
05 달걀은 황·백으로 분리하여 황·백지단을 부치고 4cm 길이로 채를 썬다.
06 김은 살짝 구워 부순다.

▲ 청포묵 데치기

▲ 데친 청포묵 양념하기

▲ 소고기 볶기

▲ 황·백지단 부치기

초간장 만들기
07 간장에 식초, 설탕을 넣고 섞는다.

완성하기
08 숙주, 미나리, 소고기에 초간장을 넣고 무친 후 청포묵을 넣고 살짝 버무린다.
09 완성 접시에 탕평채를 담고 구운 김과 황·백지단을 올린 후 제출한다.

▲ 초간장으로 버무리기

✅ **팁 & 체크포인트**
- 데친 청포묵은 부드러워 쉽게 부러질 수 있기 때문에 체를 이용해서 옮겨 담는다.
- 초간장은 단번에 너무 많이 넣고 버무리지 말고 조금씩 넣어 가면서 버무린다.

숙채조리-3

③⓪ 칠절판

 시험시간_ 40분

▶ **NCS**(국가직무능력표준) 과정의 주안점
- 재료에 따라 요구되는 전처리를 수행할 수 있다.
- 양념장 재료를 비율대로 혼합, 조절할 수 있다.
- 양념이 잘 배합되도록 무치거나 볶을 수 있다.
- 숙채의 색, 형태, 재료, 분량을 고려하여 그릇에 담아낼 수 있다.

요구사항

주어진 재료를 사용하여 다음과 같이 칠절판을 만드시오.

가. 밀전병은 지름 8cm 되도록 6개를 만드시오.

나. 채소와 황·백지단, 소고기는 0.2cm×0.2cm×5cm 정도로 써시오.

다. 석이버섯은 곱게 채를 써시오.

수험자 유의사항

1. 만드는 순서에 유의하며, 위생과 숙련된 기능평가를 위하여 조리작업 시 맛을 보지 않습니다.
2. 지정된 수험자지참준비물 이외의 조리기구나 재료를 시험장 내에 지참할 수 없습니다.
3. 지급재료는 시험 전 확인하여 이상이 있을 경우 시험위원으로부터 조치를 받고 시험 중에는 재료의 교환 및 추가지급은 하지 않습니다.
4. 요구사항 및 지급재료의 규격은 "정도"의 의미를 포함하며, 지급된 재료의 크기에 따라 가감하여 채점합니다.
5. 위생복, 위생모, 앞치마, 마스크를 착용하여야 하며, 시험장비·조리도구 취급 등 안전에 유의합니다.
6. 다음 사항은 실격에 해당하여 채점 대상에서 제외됩니다.
    가) 수험자 본인이 시험 도중 시험에 대한 포기 의사를 표현하는 경우
    나) 위생복, 위생모, 앞치마, 마스크를 착용하지 않은 경우
    다) 시험시간 내에 과제 두 가지를 제출하지 못한 경우
    라) 문제의 요구사항대로 과제의 수량이 만들어지지 않은 경우
    마) 완성품을 요구사항의 과제(요리)가 아닌 다른 요리(예, 달걀말이→달걀찜)로 만든 경우
    바) 불을 사용하여 만든 조리작품이 작품특성에 벗어나는 정도로 타거나 익지 않은 경우
    사) 해당과제의 지급재료 이외 재료를 사용하거나, 요구사항의 조리기구(석쇠 등)로 완성품을 조리하지 않은 경우
    아) 지정된 수험자지참준비물 이외의 조리기술에 영향을 줄 수 있는 기구를 사용한 경우
    자) 가스레인지 화구 2개 이상(2개 포함) 사용한 경우
    차) 시험 중 시설·장비(칼, 가스레인지 등) 사용 시 시험위원 및 타수험자의 시험 진행에 위해를 일으킬 것으로 시험위원 전원이 합의하여 판단한 경우
    카) 요구사항에 표시된 실격 및 부정행위에 해당하는 경우
7. 항목별 배점은 위생상태 및 안전관리 5점, 조리기술 30점, 작품의 평가 15점입니다.
8. 시험시작 전 가벼운 몸 풀기(스트레칭) 동작으로 긴장을 풀고 시험을 시작합니다.

지급 재료
- 소고기(살코기) 50g
- 오이 1/2개
- 당근 50g
- 달걀 1개
- 마른 석이버섯 5g
- 밀가루(중력분) 50g
- 진간장 20mL
- 마늘 간 것 2쪽
- 대파 흰부분 1토막
- 검은후춧가루 1g
- 참기름 10mL
- 흰설탕 10g
- 깨소금 5g
- 식용유 30mL
- 소금 10g

〈밀전병 반죽〉
- 밀가루(중력분) 5T
- 물 6T
- 소금 1/3t

〈소고기 양념〉
- 진간장 1t
- 흰설탕 1/2t
- 다진 파 약간
- 다진 마늘 약간
- 참기름 약간
- 깨소금 약간
- 후추 약간

RECIPE

재료 확인 → 석이버섯 불리기 → 재료 손질하기 → 재료 밑간하기 → 밀전병 반죽하기 → 밀전병 부치기 → 재료 볶기 → 완성그릇에 담기

재료 손질하기

01 석이버섯은 따뜻한 물에 불려서 채를 썬 후 소금, 참기름으로 밑간한다.

02 돌려 깎은 오이와 당근은 0.2×0.2×5cm 크기로 썰고 소금을 뿌린다.

03 소고기는 0.2×0.2×5cm 크기로 썰고 다진 파, 다진 마늘, 간장, 설탕, 후추, 깨소금, 참기름으로 양념한다.

▲ 오이 채썰기

▲ 소고기 양념하기

밀전병 반죽 만들기

04 **밀가루, 물, 소금**을 넣고 섞은 후 체에 내린다.

밀전병 부치기

05 팬에 기름을 조금 두른 후 약불에서 지름 8cm 크기의 밀전병을 6개 부친다.

▲ 밀전병 반죽하기

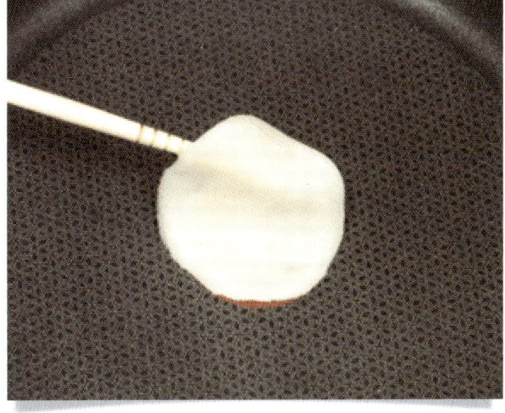

▲ 밀전병 굽기

재료 볶아 완성하기

06 달걀은 황·백으로 분리하여 황·백지단을 부쳐 0.2×0.2×5cm 크기로 썬다.

07 기름 두른 팬에 **오이, 당근, 석이버섯, 소고기 순서**로 볶은 후 펼쳐서 식힌다.

08 완성 접시의 중앙에 식혀 놓은 밀전병을 담고 6가지 재료를 돌려 담아 제출한다.

▲ 황·백지단 부치기

▲ 오이 볶기

팁 & 체크포인트

- 각 재료는 둥글게 돌려 담을 수 있도록 최대한 가늘게 채를 썰고, 담을 때는 같은 색끼리 마주보게 담는다.
- 밀전병의 반죽이 너무 되면 익히는 시간동안 바닥이 탈 수 있고, 너무 묽으면 요구사항의 크기보다 커질 수 있으므로 주의한다.

볶음조리

31 오징어볶음

시험시간_ 30분

▶ **NCS**(국가직무능력표준) 과정의 주안점

- 볶음조리의 재료에 따라 전처리를 수행할 수 있다.
- 양념장 재료를 비율대로 혼합, 조절하여 만들 수 있다.
- 조리종류에 따라 준비한 도구에 재료와 양념장을 넣어 기름으로 볶을 수 있다.
- 재료와 양념장의 비율, 첨가 시점을 조절할 수 있다.

요구사항

주어진 재료를 사용하여 다음과 같이 오징어 볶음을 만드시오.

가. 오징어는 0.3cm 폭으로 어슷하게 칼집을 넣고, 크기는 4cm×1.5cm로 써시오.
   (단, 오징어 다리는 4cm 길이로 자른다)

나. 고추, 파는 어슷썰기, 양파는 폭 1cm로 써시오.

수험자 유의사항

1. 만드는 순서에 유의하며, 위생과 숙련된 기능평가를 위하여 조리작업 시 맛을 보지 않습니다.
2. 지정된 수험자지참준비물 이외의 조리기구나 재료를 시험장 내에 지참할 수 없습니다.
3. 지급재료는 시험 전 확인하여 이상이 있을 경우 시험위원으로부터 조치를 받고 시험 중에는 재료의 교환 및 추가지급은 하지 않습니다.
4. 요구사항 및 지급재료의 규격은 "정도"의 의미를 포함하며, 지급된 재료의 크기에 따라 가감하여 채점합니다.
5. 위생복, 위생모, 앞치마, 마스크를 착용하여야 하며, 시험장비·조리도구 취급 등 안전에 유의합니다.
6. 다음 사항은 실격에 해당하여 채점 대상에서 제외됩니다.
   가) 수험자 본인이 시험 도중 시험에 대한 포기 의사를 표현하는 경우
   나) 위생복, 위생모, 앞치마, 마스크를 착용하지 않은 경우
   다) 시험시간 내에 과제 두 가지를 제출하지 못한 경우
   라) 문제의 요구사항대로 과제의 수량이 만들어지지 않은 경우
   마) 완성품을 요구사항의 과제(요리)가 아닌 다른 요리(예, 달걀말이→달걀찜)로 만든 경우
   바) 불을 사용하여 만든 조리작품이 작품특성에 벗어나는 정도로 타거나 익지 않은 경우
   사) 해당과제의 지급재료 이외 재료를 사용하거나, 요구사항의 조리기구(석쇠 등)로 완성품을 조리하지 않은 경우
   아) 지정된 수험자지참준비물 이외의 조리기술에 영향을 줄 수 있는 기구를 사용한 경우
   자) 가스레인지 화구 2개 이상(2개 포함) 사용한 경우
   차) 시험 중 시설·장비(칼, 가스레인지 등) 사용 시 시험위원 및 타수험자의 시험 진행에 위해를 일으킬 것으로 시험위원 전원이 합의하여 판단한 경우
   카) 요구사항에 표시된 실격 및 부정행위에 해당하는 경우
7. 항목별 배점은 위생상태 및 안전관리 5점, 조리기술 30점, 작품의 평가 15점입니다.
8. 시험시작 전 가벼운 몸 풀기(스트레칭) 동작으로 긴장을 풀고 시험을 시작합니다.

지급 재료

- 물오징어 1마리(250g 정도)
- 소금 5g
- 진간장 10mL
- 흰설탕 20g
- 참기름 10mL
- 깨소금 5g
- 풋고추 1개
- 홍고추(생) 1개
- 양파 1/3개
- 마늘 깐 것 2쪽
- 대파 흰부분 1토막
- 생강 5g
- 고춧가루 15g
- 고추장 50g
- 검은후춧가루 2g
- 식용유 30mL

〈양념장〉
- 고추장 2T
- 고춧가루 1T
- 흰설탕 1T
- 진간장 2t
- 다진 마늘 약간
- 다진 생강 약간
- 참기름 약간
- 깨소금 약간
- 후추 약간

RECIPE

재료확인 → 오징어 손질 → 오징어 칼집 넣기 → 재료 손질 → 양념장 만들기 → 오징어 볶기 → 재료 넣기 → 완성그릇에 담기

재료 손질하기

01 오징어의 먹물이 터지지 않도록 몸통에 칼을 넣고 잘라서 내장과 다리를 분리한 후 소금으로 껍질을 벗긴다.

02 몸통 안쪽에 0.3cm 간격으로 대각선 칼집을 넣은 후 4×1.5cm 정도로 썰고 다리는 4cm 길이로 자른다.

03 양파는 1cm 너비로 자르고, 대파는 0.5cm 두께로 어슷하게 썬다. 홍고추, 풋고추는 0.8cm 두께로 어슷하게 썰어서 고추씨를 턴다.

04 마늘, 생강은 곱게 다진다.

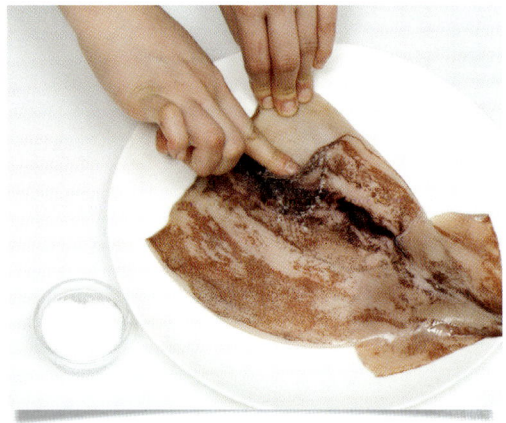

▲ 껍질 벗기기

▲ 대각선으로 칼집 넣기

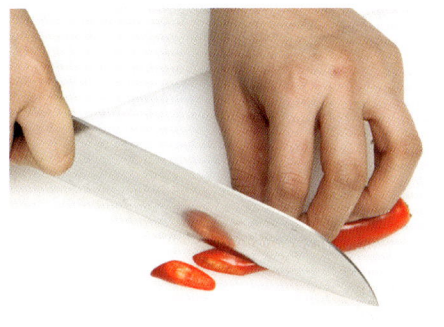
▲ 홍고추 썰기

▲ 재료 썰기

양념장 만들기
05 고추장에 고춧가루, 다진 마늘, 다진 생강, 간장, 설탕, 후추, 깨소금, 참기름을 섞어 양념장을 만든다.

팬에 볶아서 완성하기
06 기름 두른 팬에 오징어, 양파-양념장, 홍고추-풋고추, 대파, 참기름 순서로 넣어 볶은 후 그릇에 담아 제출한다.

▲ 양념장 만들기

▲ 팬에 볶기

팁 & 체크포인트

- 오징어에 대각선 칼집을 넣을 때 포 뜨듯이 칼을 기울여서 칼집을 주면 오징어 모양이 더 예쁘다.
- 양념장을 넣고 볶다가 탈 것 같으면 물을 약간 넣어 타지 않게 볶는다.

김치조리-1

32 배추김치

시험시간_ 35분

▶ **NCS**(국가직무능력표준) 과정의 주안점
- 재료에 따라 요구되는 전처리를 수행할 수 있다.
- 배추나 무 등의 김치 재료를 적정한 시간과 염도에 맞춰 절일 수 있다.
- 김치종류에 따른 양념 재료를 비율대로 혼합, 조절할 수 있다.
- 김치종류, 저장기간에 따라 양념의 비율을 조절할 수 있다.
- 양념을 용도에 맞게 활용할 수 있다.

요구사항

주어진 재료를 사용하여 다음과 같이 배추김치를 만드시오.

가. 배추는 씻어 물기를 빼시오.

나. 찹쌀가루로 찹쌀풀을 쑤어 식혀 사용하시오.

다. 무는 0.3cm×0.3cm×5cm 크기로 채 썰어 고춧가루로 버무려 색을 들이시오.

라. 실파, 갓, 미나리, 대파(채썰기)는 4cm로 썰고, 마늘, 생강, 새우젓은 다져 사용하시오.

마. 소의 재료를 양념하여 버무려 사용하시오.

바. 소를 배춧잎 사이사이에 고르게 채워 반을 접어 바깥잎으로 전체를 싸서 담아내시오.

수험자 유의사항

1. 만드는 순서에 유의하며, 위생과 숙련된 기능평가를 위하여 조리작업 시 맛을 보지 않습니다.
2. 지정된 수험자지참준비물 이외의 조리기구나 재료를 시험장 내에 지참할 수 없습니다.
3. 지급재료는 시험 전 확인하여 이상이 있을 경우 시험위원으로부터 조치를 받고 시험 중에는 재료의 교환 및 추가지급은 하지 않습니다.
4. 요구사항 및 지급재료의 규격은 "정도"의 의미를 포함하며, 지급된 재료의 크기에 따라 가감하여 채점합니다.
5. 위생복, 위생모, 앞치마, 마스크를 착용하여야 하며, 시험장비·조리도구 취급 등 안전에 유의합니다.
6. 다음 사항은 실격에 해당하여 채점 대상에서 제외됩니다.
    가) 수험자 본인이 시험 도중 시험에 대한 포기 의사를 표현하는 경우
    나) 위생복, 위생모, 앞치마, 마스크를 착용하지 않은 경우
    다) 시험시간 내에 과제 두 가지를 제출하지 못한 경우
    라) 문제의 요구사항대로 과제의 수량이 만들어지지 않은 경우
    마) 완성품을 요구사항의 과제(요리)가 아닌 다른 요리(예, 달걀말이→달걀찜)로 만든 경우
    바) 불을 사용하여 만든 조리작품이 작품특성에 벗어나는 정도로 타거나 익지 않은 경우
    사) 해당과제의 지급재료 이외 재료를 사용하거나, 요구사항의 조리기구(석쇠 등)로 완성품을 조리하지 않은 경우
    아) 지정된 수험자지참준비물 이외의 조리기술에 영향을 줄 수 있는 기구를 사용한 경우
    자) 가스레인지 화구 2개 이상(2개 포함) 사용한 경우
    차) 시험 중 시설·장비(칼, 가스레인지 등) 사용 시 시험위원 및 타수험자의 시험 진행에 위해를 일으킬 것으로 시험위원 전원이 합의하여 판단한 경우
    카) 요구사항에 표시된 실격 및 부정행위에 해당하는 경우
7. 항목별 배점은 위생상태 및 안전관리 5점, 조리기술 30점, 작품의 평가 15점입니다.
8. 시험시작 전 가벼운 몸 풀기(스트레칭) 동작으로 긴장을 풀고 시험을 시작합니다.

지급 재료
- 절임배추 1/4포기 (500~600g 정도)
- 무 100g(길이 5cm 이상)
- 실파 20g(쪽파 대체 가능)
- 갓 20g(적겨자 대체 가능)
- 미나리(줄기부분) 10g
- 찹쌀가루 10g
- 새우젓 20g
- 멸치액젓 10mL
- 대파(흰부분) 1토막
- 마늘(깐 것) 2쪽
- 생강 10g
- 고춧가루 50g
- 소금 10g
- 흰설탕 10g

RECIPE

재료확인 → 재료씻기 → 찹쌀풀 만들기 → 재료 손질하기 → 양념 만들고 버무리기 → 소 채우고 완성하기

절임배추 물기 빼기
01 절임배추는 흐르는 물로 잎 사이사이를 씻어 소금기를 제거한 후 체에 엎어서 물기를 뺀다.

찹쌀풀 만들기
02 찹쌀가루에 물 1컵을 넣어 잘 풀어 섞은 후 냄비에서 찹쌀풀을 쑤어 식힌다.

재료 손질하기
03 무는 0.3cm×0.3cm×5cm 크기로 채를 썰어 고춧가루(1T 정도)로 버무려 빨갛게 색을 들인다.
04 실파와 갓, 미나리, 대파(채썰기)는 손질하여 4cm 크기로 썰고, 마늘과 생강, 새우젓은 다진다.

▲ 절임배추 물기 빼기

▲ 찹쌀풀 쑤기

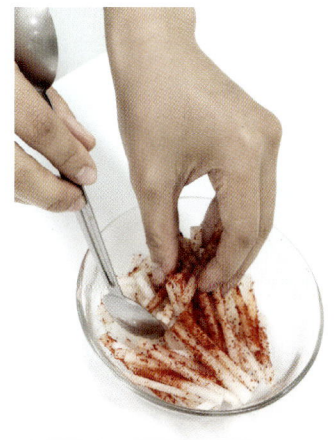

▲ 무채 고춧가루 물들이기

김치소 만들기

05 식혀 둔 찹쌀풀에 남은 고춧가루와 멸치액젓, 다진 마늘, 다진 새우젓, 다진 생강, 소금, 설탕을 넣어 양념을 만든다.

06 과정 05의 양념에 고춧가루로 색을 들인 무를 넣고 버무린 다음 갓, 실파, 미나리, 대파를 넣고 버무려서 김치소를 만든다.

소 채우고 완성하기

07 절임배추의 바깥쪽 잎부터 차례로 펴서 배춧잎 사이사이에 고르게 김치소를 넣는다.

08 배추를 반으로 접고, 남겨둔 바깥 잎(큰 것)으로 전제를 감싼 후 접시에 담는다.

▲ 김치소 만들기

▲ 김치소 채워넣기

▲ 바깥잎으로 전체 싸기

🎯 팁 & 체크포인트

- 찹쌀풀은 찹쌀가루 10g(1.5T 정도)에 물(1C)을 넣고 찹쌀풀이 1/2C 정도가 될 때까지 끓인 후 찹쌀가루가 익어서 농도가 생기면 식혀서 사용한다.
- 김치소를 바를 때는 배추 밑동 안쪽부터 펴 바른다. 이때 양념의 밑동 쪽에 양념소가 충분히 들어가도록 넣고 잎 부위는 양념이 묻도록 고루 바른다.

김치조리-2

33 오이소박이

시험시간_ 20분

▶ **NCS**(국가직무능력표준) 과정의 주안점
- 볶음조리의 재료에 따라 전처리를 수행할 수 있다.
- 양념장 재료를 비율대로 혼합, 조절하여 만들 수 있다.
- 조리종류에 따라 준비한 도구에 재료와 양념장을 넣어 기름으로 볶을 수 있다.
- 재료와 양념장의 비율, 첨가 시점을 조절할 수 있다.

요구사항

주어진 재료를 사용하여 다음과 같이 오이소박이를 만드시오.

가. 오이는 6cm 길이로 3토막 내시오.

나. 오이에 3~4갈래 칼집을 넣을 때 양쪽 끝이 1cm 남도록 하고, 절여 사용하시오.

다. 소를 만들 때 부추는 1cm 길이로 썰고, 새우젓은 다져 사용하시오.

라. 그릇에 묻은 양념을 이용하여 김칫국을 만들어 소박이 위에 부으시오.

수험자 유의사항

1. 만드는 순서에 유의하며, 위생과 숙련된 기능평가를 위하여 조리작업 시 맛을 보지 않습니다.
2. 지정된 수험자지참준비물 이외의 조리기구나 재료를 시험장 내에 지참할 수 없습니다.
3. 지급재료는 시험 전 확인하여 이상이 있을 경우 시험위원으로부터 조치를 받고 시험 중에는 재료의 교환 및 추가지급은 하지 않습니다.
4. 요구사항 및 지급재료의 규격은 "정도"의 의미를 포함하며, 지급된 재료의 크기에 따라 가감하여 채점합니다.
5. 위생복, 위생모, 앞치마, 마스크를 착용하여야 하며, 시험장비·조리도구 취급 등 안전에 유의합니다.
6. 다음 사항은 실격에 해당하여 채점 대상에서 제외됩니다.
    가) 수험자 본인이 시험 도중 시험에 대한 포기 의사를 표현하는 경우
    나) 위생복, 위생모, 앞치마, 마스크를 착용하지 않은 경우
    다) 시험시간 내에 과제 두 가지를 제출하지 못한 경우
    라) 문제의 요구사항대로 과제의 수량이 만들어지지 않은 경우
    마) 완성품을 요구사항의 과제(요리)가 아닌 다른 요리(예, 달걀말이→달걀찜)로 만든 경우
    바) 불을 사용하여 만든 조리작품이 작품특성에 벗어나는 정도로 타거나 익지 않은 경우
    사) 해당과제의 지급재료 이외 재료를 사용하거나, 요구사항의 조리기구(석쇠 등)로 완성품을 조리하지 않은 경우
    아) 지정된 수험자지참준비물 이외의 조리기술에 영향을 줄 수 있는 기구를 사용한 경우
    자) 가스레인지 화구 2개 이상(2개 포함) 사용한 경우
    차) 시험 중 시설·장비(칼, 가스레인지 등) 사용 시 시험위원 및 타수험자의 시험 진행에 위해를 일으킬 것으로 시험위원 전원이 합의하여 판단한 경우
    카) 요구사항에 표시된 실격 및 부정행위에 해당하는 경우
7. 항목별 배점은 위생상태 및 안전관리 5점, 조리기술 30점, 작품의 평가 15점입니다.
8. 시험시작 전 가벼운 몸 풀기(스트레칭) 동작으로 긴장을 풀고 시험을 시작합니다.

지급 재료
- 오이 1개(20cm 정도)
- 부추 20g
- 새우젓 10g
- 고춧가루 10g
- 대파 흰부분 1토막
- 마늘 깐 것 1쪽
- 생강 10g
- 소금 50g

〈소 양념〉
- 고춧가루 1T
- 물 1T
- 소금 1/2t
- 다진 파
- 다진 마늘
- 다진 생강
- 다진 새우젓

〈김칫국〉
- 물 2T
- 소금 약간

RECIPE

재료확인 → 재료손질 → 오이 소금물에 절이기 → 소 만들기 → 소 넣기 → 완성그릇에 담기 → 김칫국 만들기 → 김칫국 끼얹기

재료 손질하기
01 **오이**는 소금으로 문질러 씻고, 6cm 길이로 3토막을 낸 뒤 양끝 1cm씩 남기고 열십자로 칼집을 넣은 후 소금물에 절여둔다.
02 **부추**는 깨끗이 씻은 후 1cm 길이로 썰고 파, 마늘, 생강, 새우젓은 다진다.

소 만들기
03 **고춧가루**에 다진 새우젓, 파, 마늘, 생강, 물, 부추를 넣고 버무려 소를 만든다.

▲ 소금으로 문질러 씻기

▲ 열십자 표시하기

▲ 칼집 넣기

▲ 절이기

소 채워넣기
04 절여진 오이는 물기를 제거하고 오이의 칼집 사이를 벌려 소를 고르게 채워 넣는다.

김칫국 만들어 완성하기
05 소를 버무리고 남은 그릇에 물, 소금을 넣고 섞어서 김칫국을 만든다.
06 소를 채운 오이소박이 3개를 그릇에 담고 김칫국을 소박이 위에 뿌린 후 제출한다.

▲ 소 만들기

▲ 소 넣기

팁 & 체크포인트
- 진한 농도의 소금물에서 오이를 충분히 절여야 소를 넣을 때 오이가 부서지지 않는다.
- 칼집 넣은 오리를 절일 때 오이의 칼집 사이에 쇠젓가락을 끼우면 소를 채울 때 편한다.
- 감독관이 완성된 오이소박이의 면을 잘랐을 때 칼집 사이에 고르게 소가 들어가 있어야 한다.

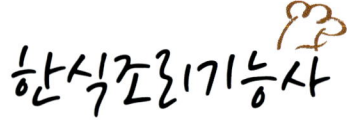

한식조리기능사
Craftsman Cook, Korean Food

한식 조리기능사 실기시험문제

초판 인쇄_ 2025년 01월 05일
초판 발행_ 2025년 01월 20일

지은이_ 이가희 · 김창희
펴낸이_ 이강복
펴낸곳_ (주)도서출판 책과상상

저자협의
인지생략

출판등록_ 제2020-000205호
주　　소_ 경기도 고양시 일산동구 장항로 203-191
편집문의_ 02-3272-1703
구입문의_ 02-3272-1704
홈페이지_ www.sangsangbooks.co.kr

사진_ 이준상
북 디자인_ 디자인 동감
도움주신 분들_ 박경란, 성보람, 김은정

ⓒ2025, 이가희 · 김창희
ISBN 979-11-6967-144-6
값 16,000원

• 잘못된 책은 교환해 드립니다.